Harlington Kerk

Emergence de la Nouvelle Lémurie

LA SAGESSE DU CŒUR POUR UNE VIE SEREINE

Tara Glane Editions

Emergence de la Nouvelle Lémurie

Harlington Kerk

www.taraglane.com

BP 60030
31170 Tournefeuille - France

Première impression : août 2024
Illustration : craiyon.com

ISBN : 978-2-919488-50-6

Dépôt légal : août 2024
Bibliothèque nationale de Paris

Diffusion
France, Belgique, Suisse : D.G. Diffusion

Imprimé en France

SOMMAIRE

Avertissement : Cet ouvrage constitue une œuvre originale, il ne doit en aucun cas être interprété comme une source médicale, un diagnostic ou une méthode de traitement. Les personnages, les événements et les informations présentés dans ce livre sont basés sur des créations et des recherches et ne doivent pas être considérés comme des conseils médicaux. Pour toute question ou préoccupation médicale, veuillez consulter un professionnel de la santé qualifié.

***

C’était l'été de mes treize ans. Chaque année, nous venions passer quelques semaines dans la grande maison familiale, au pied des Pyrénées. Et chaque année, la chaleur et la lenteur de l’été m’accompagnaient dans mes rêveries. J’étais un petit garçon rêveur, doté d’une grande imagination, mais aussi très sociable. Cet été, mes cousins n’avaient pas pu nous rejoindre et je me retrouvai alors seul parmi les adultes. J’en profitais pour m’évader plus tôt après les repas, flânant dans la campagne environnante en m’inventant tout un tas d’histoires.

Cet été fût différent des autres. Ce fût l’été le plus marquant de ma vie. Sans m’y attendre, j’allais ouvrir les portes du passé, celles d’une civilisation florissante dont la magnificence et la perfection avaient été préservées depuis tout ce temps. Cet été-là, je découvris un trésor caché dans le grenier de la vieille maison familiale. Cette maison, avec ses murs épais et ses planchers qui craquaient, avait toujours été un lieu de mystères et de découvertes pour moi. Chaque recoin semblait receler une histoire, un secret enfoui sous la poussière des années. J’avais l’habitude de me cacher dans le grenier, bien au frais sous le toit, pour regarder les anciennes photos en noir et blanc et lire les vieux livres qui avaient été rangés dans des cartons bien des années auparavant.

C'est dans ce grenier, à moitié éclairé par la lumière tamisée du soleil d'août, que je tombai sur un vieux coffre en bois, usé par le temps, recouvert par de vieux draps poussiéreux.

Je me souviens encore de l'excitation qui m'envahit lorsque j'ouvris le coffre. À l'intérieur, parmi d’anciennes photographies et des objets que mon grand-père avait soigneusement gardés, se trouvait un carnet de bord, jauni par les années. La couverture en cuir était marquée de griffures et de taches qui témoignaient de son long voyage à travers le temps. En le prenant délicatement dans mes mains, je sentis un frisson de curiosité me parcourir. J'eus l'impression que ce carnet était vivant. C'était très étrange. Je n'avais jamais ressenti ça auparavant. Les pages semblaient vibrer, comme si elles m'appelaient et m'invitaient à plonger dans leurs histoires.

Ce carnet appartenait à mon grand-père, un marin intrépide des années 1930. À mesure que je feuilletais les pages, une histoire incroyable se déroulait sous mes yeux. Mon grand-père avait découvert une île inconnue, une île interdite et mystérieuse, qu'il appelait la Nouvelle Lémurie. Il y décrivait une civilisation cachée sous une montagne, des habitants vivant en secret depuis des millénaires, et des prophéties anciennes qui parlaient d'un avenir encore incertain.

J'ai lu et relu ce carnet des dizaines de fois, chaque mot gravé dans ma mémoire. Cependant, je gardai ce secret pour moi, ne sachant pas comment les autres réagiraient à une telle révélation. Ce n'est que bien des années plus tard, en 2017, que je décidai de partager cette incroyable histoire. Peut-être était-ce le poids du secret, ou le désir de faire connaître la vérité sur cette civilisation perdue, mais je savais qu'il était temps.

Quelques années plus tard, je décidai de partir à la recherche de cette île perdue et de l'explorer à mon tour. Ce que j'y trouvai dépassa la frontière de mes croyances humaines.

Aujourd'hui, je vous invite à plonger dans l'aventure de mon grand-père et à découvrir avec moi les mystères de la Nouvelle Lémurie. Ce voyage commence par la découverte d'un simple carnet de bord, mais il nous emmènera bien au-delà des limites de notre imagination, vers une époque et un lieu où sagesse et espoir se mêlent pour offrir une vision d'un avenir meilleur et révéler la véritable splendeur de chacun.

Le temps des réjouissances est arrivé. Des entrailles de la Terre se révèle la véritable identité de l'être, son origine, sa destinée. Dans un monde où l'avenir semble s'assombrir, il est primordial

de savoir reconnaître et utiliser les clés d'ouverture du cœur que ceux qui ont traversé aux origines cet espace-temps de l'Humanité ont su léguer aux êtres humains d'aujourd'hui.
C'est cet héritage ancestral, cette sagesse du cœur qui ouvre la voie de la spiritualité véritable, que l'émergence de la Nouvelle Lémurie annonce d'ores et déjà en fréquences dorées sur la Terre.
Ces récits dévoilent avec clarté la beauté d'un monde qui s'imprègne peu à peu dans la strate matricielle terrestre, ravivant son essence et sa dignité solaire. Transportant le lecteur dans une découverte de ces contrées oubliées dont l'éclat a perduré par-delà la multidimensionnalité, cet ouvrage laisse entrevoir un chemin lumineux pour celui qui cherche avec confiance et ferveur à vivre la vraie spiritualité du cœur.

Extraits du carnet de bord de Edmund Reginald Kerk

17 juillet 1930

Le vieux cargo sur lequel je sers longe les côtes du Pacifique Sud depuis plusieurs jours maintenant. Le ciel, jusque-là calme, commence à se couvrir de nuages sombres à l'horizon. Une tempête se prépare, et l'équipage le sent. Nous avons déjà connu des mers agitées, mais l'atmosphère aujourd'hui est différente, plus lourde, presque oppressante. Le capitaine a ordonné de sécuriser tout ce qui peut l'être, mais personne ne sait vraiment à quoi s'attendre.

18 juillet 1930

Nous avons enregistré notre dernière position avant que la tempête ne nous frappe : 36° 15' de latitude sud et 150° 00' de longitude ouest. Peu après, les vents ont changé brutalement, nous poussant vers des eaux inconnues, loin des routes habituelles.

La tempête s'est abattue sur nous peu de temps après la tombée de la nuit. Les vagues, hautes comme des montagnes, nous ont secoués comme un fétu de paille. La pluie battante et le vent hurlant nous empêchaient de voir à plus de quelques mètres devant nous. Pendant des heures, nous avons lutté contre les éléments, chaque homme à son poste, résistant pour ne pas être emporté par la mer déchaînée. Je n'avais jamais vu l'océan si furieux.

Enfin, au petit matin, le calme est revenu. Le bateau a tenu bon, mais nous étions bien loin de notre cap initial. Tout autour de nous, l'océan s'étendait à perte de vue, immense et indifférent. C'est alors que nous l'avons vue. Une île, inconnue sur nos cartes, se dessinait à l'horizon. Nous étions tous fatigués, mais la curiosité a vite pris le dessus. Le capitaine, après quelques hésitations, a décidé d'approcher.

Nous avons jeté l'ancre dans une petite crique. L'île semblait déserte, mais elle dégageait une aura étrange, presque mystique. Je ne pouvais m'empêcher de sentir que cet endroit n'était pas comme les autres. Tandis que l'équipage restait sur le navire pour évaluer les dégâts de la tempête, j'ai décidé de partir en reconnaissance. Je ne saurais dire pourquoi, mais quelque chose m'appelait depuis l'intérieur de l'île. Contre l'avis du capitaine, j'ai pris une barque et ai ramé vers la côte.

Lorsque mes pieds ont touché le sable, une sensation étrange m'a envahi, comme si je pénétrais un sanctuaire ancien. Devant moi se dressait une montagne solitaire, au centre de l'île. Quelque chose m'attirait vers elle, une force invisible, irrésistible. Sans réfléchir davantage, j'ai commencé à marcher vers ce sommet imposant.

L'intérieur de l'île était dense, couvert d'une végétation luxuriante, mais il régnait un silence presque irréel. Aucune créature ne semblait habiter cet endroit, comme si la nature elle-même retenait son souffle. L'équipage devait certainement m'attendre pour repartir. Mais mon attention était bien loin des préoccupations du navire maintenant. Après plusieurs heures de marche, j'ai atteint l'entrée d'une caverne, creusée dans le flanc de la montagne. Les parois étaient ornées de symboles inconnus, gravés dans la pierre. Ces signes semblaient raconter une histoire, mais leur sens m'échappait complètement.

Je suis entré dans la caverne, ma torche à la main, le cœur battant. Le passage était étroit, mais il s'élargissait à mesure que je progressais. Après ce qui m'a semblé une éternité, j'ai

débouché dans une vaste salle souterraine. Ce que j'y ai découvert m'a coupé le souffle : une ville entière, dissimulée sous la montagne. Ses bâtiments, sculptés dans la roche, semblaient faits d'une matière brillante, presque vivante, reflétant une douce lumière émise par des cristaux incrustés dans les murs.
Je n'étais pas seul. Des silhouettes émergèrent des ombres, s'approchant de moi avec calme. Ils étaient humains, mais beaucoup plus grands que nous. Quelque chose en eux dégageait une sérénité, une sagesse que je n'avais jamais vue chez personne. Ils m'accueillirent avec bienveillance, comme si ma venue ne les effrayait pas.

Ces êtres, qui disent s'appeler les Lémuriens, m'ont raconté leur histoire. Ils appartiennent à une civilisation ancienne, qui a survécu sous terre après un cataclysme dévastateur. Ils vivent ici, cachés du reste du monde, en attendant le moment où ils pourront réémerger à la surface. Ils m'ont révélé que ma venue n'était pas le fruit du hasard. Ils sont bienveillants, ils semblent pacifiques et dotés d'une grande intelligence. Ils m'ont confié la mission de consigner ce que je vois et entends, et de transmettre ces écrits à mes descendants jusqu'au jour où leur retour serait possible. C'est une responsabilité que je n'avais pas imaginée en mettant les pieds sur cette île. Ce carnet deviendra le gardien de ces révélations, et seul le temps dira quand ce savoir pourra être dévoilé au monde.

19 juillet 1930

J'ai passé la nuit dans l'une de leurs habitations. J'ai appris que ce que je croyais être une ville sculptée dans la vaste caverne, n'était qu'une infime partie de leur civilisation souterraine. Il s'agit de l'entrée de la grande ville que mon hôte a appelée la Nouvelle Lémurie. Au petit matin, après une nuit qui m'a semblé très courte mais qui pourtant a revigoré tout mon corps, mon hôte est venu me chercher.

Il était vêtu de la même tunique simple que la veille, et ses grands yeux, empreints de sagesse, brillaient d'une lumière bienveillante. Il m'a fait signe de le suivre et je l'ai accompagné sans hésitation. Nous avons parcouru un long couloir, éclairé par les mêmes cristaux qui illuminaient la caverne. Ce n'est qu'après un moment de marche que nous sommes arrivés devant une grande porte, ornée de motifs complexes et scintillants, gravés dans la pierre. Mon hôte posa la main sur un symbole au centre de la porte, et celle-ci s'ouvrit doucement, sans un bruit.

Je ne m'attendais pas à ce que j'allais découvrir de l'autre côté. Nous avons pénétré dans un immense espace, un vaste lieu si grand qu'il donnait l'impression d'être à l'extérieur, sous le ciel bleu. Pourtant, nous étions encore sous la montagne. Au-dessus de nous, la voûte était constituée de millions de cristaux qui captaient et diffusaient une lumière douce, semblable à celle du soleil, mais plus apaisante, presque irréelle. Les cristaux, disposés d'une manière que je ne pouvais comprendre, reproduisaient le firmament avec une telle précision que l'on aurait juré se tenir en plein jour, à la surface de la Terre.

En contrebas, la grande ville s'étendait devant moi, un véritable chef-d'œuvre de l'architecture lémurienne. Les bâtiments, construits dans des matériaux que je n'avais jamais vus, semblaient faits d'une pierre translucide, irradiant une lumière douce et accueillante. Chaque édifice, qu'il soit petit ou grand, était finement ciselé, orné de motifs délicats qui semblaient vibrer et murmurer des histoires anciennes, oubliées du temps.

Mon hôte m'a guidé vers une esplanade, d'où l'on pouvait embrasser d'un coup d'œil l'ensemble de la ville. Là, il m'a expliqué que cette coupole de lumière, qui enveloppait toute la cité, n'était pas seulement un toit, mais une protection. Les Lémuriens l'avaient façonnée grâce à une connaissance ancienne des cristaux, transmise de génération en génération. Cette coupole ne faisait pas que diffuser la lumière, elle permettait également de maintenir un écosystème complet, avec une température idéale et un air pur, identique à celui que l'on respirait autrefois à la surface, avant que le monde ne change.

Je ne pouvais m'empêcher d'être émerveillé par tout ce que je voyais. C'était comme si l'on avait recréé un paradis terrestre sous la montagne. Les rues étaient bordées d'arbres et de plantes dont je ne connaissais même pas l'existence, leurs feuilles scintillant sous la lumière des cristaux. De petits ruisseaux parcouraient la ville, leur eau claire et fraîche chantant doucement sur les pierres polies.

Mon hôte m'a conduit à travers les rues pavées, chaque tournant révélant de nouvelles merveilles. Les Lémuriens que nous croisions nous saluaient avec des sourires sereins, leurs visages reflétant une paix intérieure que je n'avais encore jamais vue. Ils semblaient parfaitement en harmonie avec leur environnement, comme si leur vie n'était qu'une extension naturelle de cette ville magnifique.

Je peinais à me dégager de l'impression que tout cela était un rêve. Comment une telle civilisation avait-elle pu rester cachée si longtemps ? Et pourquoi avaient-ils choisi de vivre ainsi, loin du reste du monde ? Mon hôte, comme s'il lisait dans mes pensées, me dit que toutes ces questions trouveraient leurs réponses en temps voulu. Pour l'instant, il voulait simplement que je découvre et que j'apprécie la grandeur de la Nouvelle Lémurie.

Nous avons terminé notre promenade sur une grande place centrale, où se dressait un monument majestueux, représentant un ancien Lémurien tenant dans sa main un cristal, symbole de leur savoir et de leur pouvoir. Autour de ce monument, des enfants jouaient, riant et courant sous la lumière douce, leurs rires résonnant dans l'air comme une mélodie apaisante.
Je me suis tenu là, un moment, absorbé par cette vision. C'était comme si j'avais découvert un autre monde, un monde où tout était possible, un monde où l'homme vivait en harmonie avec la nature et avec lui-même. Mon hôte, se tenant à mes côtés, me regardait avec un sourire, comme s'il comprenait parfaitement ce que je ressentais.

Je sais maintenant que ce carnet ne suffira pas à décrire pleinement ce que j'ai vu et ressenti aujourd'hui. Mais je m'efforcerai de consigner chaque détail, chaque impression, pour que ceux qui liront peut-être ces lignes puissent, ne serait-ce qu'un instant, entrevoir la splendeur de la Nouvelle Lémurie.

20 juillet 1930

Je n'ai pas fermé l'œil depuis que j'ai posé les pieds dans cette ville étrange et magnifique. Mon esprit est en ébullition, et chaque nouvelle découverte me plonge davantage dans l'émerveillement. Après notre arrivée sur la place centrale, mon hôte a entrepris de me faire visiter la cité, qu'il appelle la Nouvelle Lémurie.

La ville est organisée de manière circulaire, une disposition qui semble refléter l'harmonie et l'équilibre que les Lémuriens cultivent en toutes choses. Au centre de la ville, s'élève une grande structure cristalline, un dôme majestueux qui semble capter et amplifier la lumière diffusée par la coupole au-dessus de nous. Autour de ce dôme central, les rues rayonnent en cercles concentriques, reliées entre elles par des artères plus petites, créant un réseau complexe et pourtant parfaitement ordonné.

Ce qui frappe immédiatement, c'est la présence de l'eau, omniprésente et vivante, circulant dans toute la ville. De petits ruisseaux serpentent entre les habitations, leurs eaux claires chantant doucement sur les pierres polies. Ces ruisseaux, parfaitement intégrés au paysage urbain, rejoignent peu à peu des cours d'eau plus larges, également disposés en cercles concentriques, comme les anneaux d'une roue géante. Chaque cercle de la ville est marqué par l'un de ces cours d'eau, qui semblent se nourrir les uns les autres dans une danse éternelle.

Les ponts, qui permettent de franchir ces rivières, sont de véritables œuvres d'art. Construits en cristal, ils brillent d'une lumière douce, changeant de couleur selon l'angle sous lequel on les regarde. Chaque pont semble unique, certains ornés de motifs géométriques complexes, d'autres d'une simplicité épurée, mais tous partagent cette qualité éthérée qui défie l'entendement. Sous mes pieds, la surface lisse du cristal renvoie un éclat brillant, comme si je marchais sur de la lumière solidifiée.

L'eau, ainsi canalisée, ne sert pas seulement de source de vie pour la végétation luxuriante qui borde chaque rue, mais elle semble aussi avoir une fonction symbolique. Mon hôte m'a expliqué que les cours d'eau représentent le flux d'énergie vitale qui traverse et soutient toute la cité. L'eau, ici, est plus qu'un simple élément naturel ; elle est porteuse de la mémoire et de la sagesse de leur peuple, fluide comme le temps lui-même.

Chaque secteur de la ville a sa propre fonction, mais tout est conçu pour maintenir une harmonie parfaite entre les espaces de vie, de travail et de méditation. Les habitations, bien que construites de manière compacte, laissent toujours place à de petits jardins suspendus ou à des alcôves où poussent des plantes aux parfums enivrants. L'ensemble dégage une sérénité telle que je me sens moi-même apaisé en arpentant ces rues.

Mon hôte m'a conduit à l'un des plus grands ponts de la ville, qu'il a appelé le pont de Lahan'Mu, d'où l'on pouvait observer l'ensemble de cette structure circulaire. De là, j'ai pu voir comment les bâtiments se fondent dans le paysage, les toits ornés de dômes de cristal reflétant la lumière dans un ballet de couleurs changeantes. La ville, bien qu'entièrement souterraine, semble baignée d'une clarté diaphane, comme si le soleil lui-même illuminait cet endroit.

L'eau, la pierre, le cristal, tout est agencé avec une précision presque divine, pour créer non seulement une ville, mais un sanctuaire. Un endroit où chaque détail, chaque aspect du

quotidien, participe à un tout plus grand, où l'on ressent la vie sous une forme pure et inaltérée.
Je ne peux m'empêcher de penser que cette ville est un symbole, une représentation de ce que pourrait être le monde de la surface si nous savions vivre en harmonie avec la nature et entre nous. La Nouvelle Lémurie n'est pas seulement une cité, elle est un modèle de ce que la civilisation humaine pourrait devenir, si elle choisissait de s'élever au-dessus de ses luttes et de ses ambitions éphémères.

21 juillet 1930

Hier, après la découverte de cette ville si merveilleusement organisée, mon hôte m'a conduit dans une grande salle, une sorte de réfectoire où plusieurs Lémuriens étaient rassemblés pour le repas. L'atmosphère était paisible, empreinte d'une sérénité que je ne connaissais qu'à travers les récits des anciens marins parlant des îles lointaines, mais ici, tout était réel, palpable.

La table devant moi était ornée d'une profusion de fruits et de légumes comme je n'en avais jamais vus auparavant. Des fruits aux couleurs vives, d'une taille impressionnante, reposaient dans des corbeilles sculptées, leur parfum emplissant l'air d'arômes doux et enivrants. Je n'avais jamais senti quelque chose de pareil, une fragrance mêlant des notes familières et d'autres qui m'étaient totalement inconnues.

Mon hôte se prénomme Sha'an. Il m'a offert un de ces fruits, une sorte de gros melon, mais d'une couleur dorée, presque éblouissante. Il l'a coupé avec un couteau finement ciselé, révélant une chair juteuse et d'un orange vif. Dès la première bouchée, j'ai été frappé par la saveur riche et intense du fruit, douce et légèrement acidulée, mais avec une profondeur de goût que je n'avais jamais expérimentée. C'était comme si toute la chaleur du soleil, toute la fraîcheur de la pluie, étaient concentrées en une seule bouchée.

À côté de ces fruits, des légumes que je ne pouvais nommer s'étalaient, certains ressemblant vaguement à ceux que nous connaissons à la surface, mais en plus grands, plus robustes. Des carottes d'un rouge éclatant, longues comme mon avant-bras, des courges d'un vert profond, presque bleu, et des tomates de la taille de petits melons, juteuses à en faire couler leur jus à la moindre pression.

Le repas lui-même était simple, mais nourrissant. On m'a servi une soupe épaisse, faite à partir de ces légumes étranges. Chaque cuillerée était une découverte ; la saveur pleine et ronde du bouillon évoquait une terre riche et fertile, une terre dont je ne connaissais pas l'existence, où chaque plante semblait avoir puisé le meilleur de la nature pour grandir. Le goût était à la fois familier et mystérieux, une réminiscence de quelque chose de profondément enraciné dans l'histoire de notre planète.

On m'a ensuite présenté un plateau de fruits que je n'avais jamais vus auparavant, des sortes de baies rondes et lisses, d'un bleu profond. Mon hôte m'a expliqué que ces baies étaient très anciennes, connues des Lémuriens depuis des milliers d'années, bien avant que leur civilisation ne se retire sous terre. Leur saveur était surprenante, un mélange de douceur sucrée et d'une amertume délicate qui restait en bouche, un goût qui parlait du passé, d'un temps où la surface de la Terre regorgeait encore de merveilles maintenant oubliées. Ces baies, m'a-t-il dit, sont dotées de vitamines qui procurent au corps l'énergie nécessaire à se régénérer en toutes circonstances.

Elles décuplent la force, redonnent de la vitalité aux muscles, et préservent la santé.
Après le repas, nous avons continué notre exploration, et Sha'an m'a conduit vers ce qu'il appelait les « Jardins d'Aranya'Kel ». Pour les Lémuriens, Aranya signifie sanctuaire, refuge. Quand au mot Kel, il représente la puissance des étoiles, la lumière. Le nom Aranya'Kel, m'a dit Sha'an, évoque l'idée d'un jardin sanctuaire illuminé par la sagesse des origines. Ces jardins étaient en réalité des vergers, où des arbres immenses, bien plus grands que tout ce que j'avais vu sur Terre, s'élevaient majestueusement. Leurs troncs étaient larges, imposants, et leur feuillage dense abritait des fruits d'une taille gigantesque. J'ai vu des pommes qui pesaient bien plus qu'un melon ordinaire, des grappes de raisin dont chaque baie était aussi grosse qu'une prune.

Ces arbres, m'a-t-on dit, ont prospéré grâce à la lumière et aux énergies que les Lémuriens savent canaliser depuis des millénaires. Ils cultivent ces plantes comme on cultiverait un trésor, car pour eux, chaque fruit, chaque légume est bien plus qu'un simple aliment : c'est un héritage vivant, un lien direct avec leurs ancêtres et avec la nature elle-même.

Je dois avouer que jamais je n'avais imaginé qu'un repas puisse être aussi riche d'enseignements, autant qu'un livre ou une carte. Chaque bouchée me rapprochait un peu plus de la compréhension de ce peuple et de leur lien intime avec la Terre, un lien que nous, à la surface, avons largement perdu au fil des siècles.

En m'endormant hier soir, repu et encore émerveillé par ce que j'avais découvert, je me suis demandé ce que serait notre monde si nous pouvions, nous aussi, goûter à ces fruits oubliés, si nous

pouvions recréer cette harmonie entre l'homme et la nature que j'avais pu entrevoir ici.
Sha'an est extrêmement bienveillant et généreux. Tous les Lémuriens que j'ai croisés semblent avoir ces mêmes qualités humaines. Leur vie paraît si paisible et exempte de problèmes, de souffrances, de conflits. Cela ne ressemble pas à ce que nous connaissons à la surface de la Terre. Pourquoi notre civilisation humaine n'a-t-elle pas eue connaissance de leur existence ? J'ai parfois l'impression d'être dans un rêve. Je pense très peu à mes coéquipiers qui doivent être loin maintenant. Plusieurs jours se sont écoulés. Ils ont certainement trouvé un moyen de repartir en mer. Peut-être me croient-ils mort. Mais peu importe. Je ne me suis jamais senti autant vivant que depuis mon arrivée sous cette montagne.

22 juillet 1930

Jamais je n'oublierai son visage. Son sourire et la profondeur de son regard resteront gravés en moi jusqu'à la fin de ma vie.
Sha'an m'a amené explorer plusieurs endroits de la grande ville. Nous avons arpenté une petite ruelle fleurie et c'est là que je l'ai vue. Elle s'est avancée vers nous et nous a salués en me fixant droit dans les yeux. « Je suis Miraen », a-t-elle prononcé d'une voix douce. Elle n'a pas beaucoup parlé. Elle marchait d'un pas léger, si léger que j'avais l'impression qu'elle flottait. On aurait dit que les pavés, au sol, scintillaient plus intensément sous ses pas. Nous l'avons suivie, elle nous a conduits dans un autre jardin, qui était différent des Jardins d'Aranya-Kel que j'avais eu l'occasion de visiter avec mon hôte.

Sa beauté rayonnait à un point tel que les fleurs même se tournaient vers elle sur son passage. Nous nous sommes installés sur des fauteuils de cristal, près d'une grande fontaine qui se trouvait au centre du jardin. « L'eau qui jaillit de la

fontaine de Vanaar est vivante », dit Sha'an. « Elle est composée de particules cristallines qui portent les fréquences originelles de notre civilisation lémurienne. Cette eau nous permet de régénérer notre corps lorsque le besoin s'en fait sentir. Elle est un breuvage qui n'existe plus à la surface de la Terre. Nous en sommes les gardiens. Un jour elle pourra de nouveau jaillir pour les humains de la Terre. Nous sommes humains, tout autant que vous l'êtes, mais nous n'avons pas connu les aléas du temps et les modifications structurelles qui ont dénaturé la vie à la surface de la planète. Nous avons ainsi voulu préserver notre civilisation et son identité originelle. »
Sha'an s'arrêta un instant de parler et me regarda en souriant. Puis il me dit : « Bois. Une gorgée seulement. Et ton organisme sera vivifié. »

Je me suis penché vers l'eau qui coulait. J'ai hésité un instant, puis j'ai bu une petite gorgée. Cela a suffit à m'envahir de plénitude, de joie et de quelque chose d'indescriptible. Je n'ai pas les mots pour décrire la texture et le goût de cette eau. J'ai eu l'impression que mon corps entier était soudainement abreuvé de tout ce dont il avait besoin.

Miraen m'a regardé en souriant. Nous n'avons pas parlé. Je n'ai pas osé lui adresser un seul mot. Elle paraissait tellement pure, tellement parfaite, que j'avais l'impression qu'un simple mot de ma part aurait terni cette perfection presque irréelle.
Nous nous sommes éloignés de la fontaine, et Miraen est restée près de l'eau. Elle m'a salué d'une manière élégante et gracieuse et m'a sourit une dernière fois.

Ce soir, je ne vois que son visage lorsque je ferme les yeux. La reverrai-je un jour ? Cela me semble peu probable. Si je quitte cet endroit vivant et que je retrouve le navire, je sais que jamais je ne reviendrai sur cette île. Alors ce soir, je vais m'endormir avec le doux visage de Miraen dans mes pensées, afin de graver son souvenir en moi.

À mesure que je découvre cet endroit presque magique, je réalise que les Lémuriens ont construit une civilisation souterraine bien mieux organisée que ce que nous connaissons à la surface. Il semble y avoir des lois et des règles, ainsi qu'une certaine hiérarchie, mais tous les habitants vivent ensemble paisiblement, sans conflit ni contrainte. Les habitations et les monuments sont agencés de manière bien précise, chaque cercle de la ville paraissant être destiné à une fonction différente.

Les ponts sont majestueux. Leur architecture est digne des plus nobles constructions. La plupart sont faits de cristal, mais j'en ai vu certains construits avec un matériau semblable à de la pierre de marbre polie. Sha'an m'a appris que ces matériaux ne sont présents qu'à l'intérieur de la Terre, et qu'ils ne peuvent pas être utilisés à la surface car leur poids atomique et leur structure moléculaire ne le permettrait pas. Je crois que cela dépend de la pollution de notre air. Ici, dans cette ville souterraine immense, l'air est pur et différent de celui que l'on respire à la surface.

Sha'an me dit avoir plus de 25 000 ans. Pourtant, son apparence physique est celle d'un homme d'une trentaine d'années au plus. L'eau, omniprésente, semble être l'une des sources de la jeunesse des Lémuriens, avec les cristaux. Mais pour vivre plusieurs milliers d'années, cette civilisation a su transcender les lois naturelles que nous, humains, connaissons. Ces mêmes lois naturelles, dans le passé, au temps de la civilisation lémurienne, étaient peut-être bien différentes des nôtres en fin de compte.

23 juillet 1930

Ce matin, j'ai quitté la grande ville de la Nouvelle Lémurie, le cœur lourd et l'esprit en ébullition. Sha'an m'a raccompagné jusqu'au premier village, dans la vaste grotte où je m'étais aventuré seul quelques jours plus tôt, et m'a laissé continuer mon chemin en direction de la petite crique. Le soleil perçait à peine l'horizon, teintant l'eau d'une lumière dorée, comme pour marquer ce moment de manière solennelle. Je ressentais une profonde gratitude envers Sha'an et les autres habitants pour tout ce qu'ils m'avaient révélé, mais aussi une étrange mélancolie à l'idée de quitter ce lieu hors du temps.

Lorsque je suis arrivé à la crique, mon équipage m'attendait, visiblement soulagé de me voir en vie. Ils m'ont raconté qu'ils m'avaient cherché sans relâche, craignant que je ne sois tombé victime de quelque maléfice de cette île mystérieuse. Je pouvais lire la peur et le soulagement mêlés dans leurs yeux, mais je savais que ce que j'avais découvert devait rester secret.
Je leur ai dit que je m'étais simplement perdu en explorant une partie reculée de l'île, et que j'avais trouvé refuge dans une grotte. Ils ont accepté mon explication sans poser trop de questions, peut-être soulagés de ne pas avoir à affronter d'autres mystères. Mais au fond de moi, je savais que jamais ils ne pourraient comprendre ce que j'avais vu ni ce que j'avais appris.

En remontant à bord du vieux cargo, j'ai pris la ferme décision de garder ces découvertes pour moi seul. Les secrets de la Nouvelle Lémurie ne doivent pas être partagés avec le monde extérieur, du moins pas encore. C'est ce que Sha'an a demandé. Ce carnet de bord sera le seul témoin de cette aventure incroyable, et je veillerai à ce que tout ce que j'ai vu, entendu, et ressenti soit préservé pour ceux qui viendront après moi.

Alors que nous quittions l'île, je jetai un dernier regard sur la crique, en me demandant si je reverrai un jour ce lieu enchanteur. Mais pour le moment, il est temps de reprendre le large et de laisser ces souvenirs se fondre dans l'infini de l'océan.

27 juillet 1930

Il m'est difficile de trouver le sommeil depuis notre départ de cette île mystérieuse. Chaque nuit, les images de ce que j'ai vu là-bas défilent devant mes yeux fermés, si vives qu'il m'arrive de croire que je suis encore dans cette ville souterraine. J'ai tenté de me distraire avec les tâches quotidiennes à bord du cargo, mais rien n'y fait. La Nouvelle Lémurie hante mes pensées, me rappelant constamment que j'ai été témoin de quelque chose de prodigieux, quelque chose que peu d'hommes pourraient croire possible.

La ville que j'ai découverte sous cette montagne, au cœur de l'île, dépasse tout ce que j'aurais pu imaginer. C'est un endroit où le passé et le futur semblent se mêler en harmonie parfaite. Les rues, pavées de pierres lisses et scintillantes, serpentent entre d'immenses structures de cristal et de marbre, s'élevant en d'élégantes spirales vers une coupole gigantesque qui couvre l'ensemble de la ville. Cette coupole est un chef-d'œuvre en soi : construite avec des cristaux anciens, elle imite à la perfection le ciel à la surface, avec ses teintes changeantes au fil du jour. À chaque instant, je pouvais presque croire que j'étais à l'air libre, sous un véritable ciel.

La ville est organisée de manière circulaire, un agencement qui semble répondre à une logique naturelle, presque organique. Au centre se dresse un grand édifice, peut-être un temple ou une salle de conseil, entouré de jardins luxuriants où des arbres plus grands que tout ce que j'ai jamais vu poussent avec une vigueur incroyable. Ces arbres, d'une majesté rare, semblent presque toucher la coupole. Ils forment un véritable poumon vert au cœur de la ville, où l'air est si pur et si frais qu'il m'a semblé revigorer chaque cellule de mon corps à chaque respiration.

Les habitants de cette ville, bien qu'éloignés de la surface depuis des milliers d'années, ont préservé une harmonie parfaite avec la nature. Leurs jardins regorgent de fruits et de légumes que je n'avais jamais vus auparavant. On m'a offert des fruits dont la taille et la saveur dépassent l'entendement, des baies gorgées de jus sucré, des légumes d'une texture et d'un goût qui défient toute comparaison avec ceux que nous connaissons à la surface. Sha'an m'a expliqué que ces plantes sont les descendantes de variétés anciennes, disparues de la surface depuis des millénaires, mais préservées ici dans toute leur splendeur.

Ce peuple a développé une civilisation qui, bien qu'isolée du reste du monde, possède des connaissances et des technologies qui nous surpassent largement. Leurs habitations sont construites avec un souci du détail et une ingéniosité remarquable. Elles sont conçues pour capter et utiliser la lumière et la chaleur naturelle, et pour s'intégrer parfaitement dans le paysage souterrain. Rien n'est laissé au hasard, chaque pierre, chaque plante semble avoir sa place et son rôle dans cette ville harmonieuse.

Ils communiquent entre eux d'une manière que je peine à comprendre, utilisant des instruments cristallins qui émettent des sons et des vibrations subtiles. Leurs voix, quand elles s'élèvent, sont mélodieuses, presque chantantes, et leur langage, bien que différent du nôtre, semble empli de poésie. Leurs traditions, profondément enracinées dans la sagesse et l'équilibre, régissent leur vie quotidienne avec une simplicité déconcertante, mais d'une efficacité admirable.

Je continue de m'émerveiller à chaque instant que je passe à repenser à tout ce que j'ai vu et entendu. Chaque détail de cette ville, chaque mot échangé avec Sha'an, chaque regard posé sur ces paysages extraordinaires, reste gravé dans ma mémoire. Il m'est de plus en plus difficile de contenir l'envie de partager ces découvertes, mais je sais qu'elles doivent rester entre ces pages, pour l'instant.

La Nouvelle Lémurie de nos jours

En étudiant attentivement les notes du carnet de bord de mon grand-père et les différentes positions de son navire par rapport aux méridiens et parallèles, j'ai tenté de localiser l'île qui abritait la ville de la Nouvelle Lémurie. J'ai passé plusieurs jours à recouper les données grâce aux indices laissés, et à calculer des distances approximatives à partir des mentions d'autres îles et points de repère connus. J'ai finalement pu déterminer les coordonnées géographiques de l'île. Selon les calculs et d'après les notes du carnet de bord, elle se trouverait quelque part autour de 38° 45' de latitude sud et 147° 30' de longitude ouest, bien au-delà des routes maritimes connues.
La localisation 38° 45' S, 147° 30' W serait donc le point de départ de mon exploration.
J'avais parlé de ce projet d'expédition à très peu de personnes autour de moi. Quelques années auparavant, ayant finalement décidé de rapporter les découvertes de mon grand-père à quelques membres de ma famille, je m'étais heurté à des moqueries et à des réactions qui ne m'avaient pas donné l'envie de m'étendre sur le sujet. Il avait certainement perdu la tête, m'avait-on dit, comme cela arrivait bien souvent aux marins qui n'avaient pas posé pied à terre depuis des mois. Mais l'idée de m'aventurer dans les eaux du Pacifique Sud ne m'avait pas lâché. En vérité, cette idée était ancrée en moi depuis ce moment où j'ai feuilleté pour la première fois le carnet de bord de mon grand-père, dans le vieux grenier de la maison familiale.
Il me fallait maintenant planifier cette expédition avec minutie. Le carnet de bord ne me laissait aucun doute : mon grand-père, Edmund Reginald Kerk, avait réellement découvert quelque chose d'extraordinaire, quelque chose qui attendait d'être révélé au monde. Malgré les moqueries et le scepticisme, je ne pouvais me résoudre à laisser cette histoire sombrer dans l'oubli.

Les préparatifs furent longs et laborieux. Je devais non seulement rassembler les fonds nécessaires, mais aussi trouver un équipage prêt à s'aventurer dans ces eaux inconnues, loin des routes commerciales habituelles. Les quelques amis marins à qui j'avais confié mes projets me regardaient d'un air perplexe, certains d'entre eux esquissant même un sourire narquois. Mais je persistais, habité par une conviction que je ne pouvais expliquer.

Après plusieurs mois de recherches et de négociations, j'avais enfin réuni une équipe de navigateurs chevronnés, des hommes habitués à affronter l'inconnu. Nous avons appareillé un matin brumeux de juillet, avec pour seule certitude ces coordonnées énigmatiques inscrites sur la carte : 38° 45' S, 147° 30' W. Chaque mile parcouru nous rapprochait de l'inconnu, et pourtant je sentais une étrange familiarité, comme si je suivais les traces de mon grand-père.

À mesure que nous nous éloignions des côtes, je ressentais un mélange d'appréhension et d'excitation. Les récits de mon grand-père résonnaient dans mon esprit, et je me demandais ce que je trouverais à l'endroit où il avait posé le pied pour la première fois sur l'île inconnue. L'expédition serait longue et certainement semée d'embûches, mais je savais au fond de moi que je devais aller jusqu'au bout.

Après des jours de navigation, traversant des eaux agitées et des cieux menaçants, nous avons finalement aperçu une terre à l'horizon. L'île se dressait majestueusement au milieu de l'océan, isolée et mystérieuse, comme si elle nous avait attendus depuis des siècles. À mesure que nous approchions, je ressentais une étrange résonance, une sorte de connexion profonde avec cet endroit que je n'avais jamais vu, mais que je semblais reconnaître.

Nous avons accosté dans une petite crique abritée, entourée de falaises abruptes. L'endroit correspondait parfaitement aux descriptions laissées par mon grand-père dans son carnet de bord. Le reste de l'équipage, fatigué et peu enclin à se lancer dans une exploration hasardeuse, préféra rester à bord du navire pour se reposer et effectuer les réparations nécessaires après notre long voyage.

Profitant de cette situation, je leur ai proposé de partir seul en reconnaissance, prétextant que je reviendrais rapidement avec des informations sur l'endroit. Ils n'ont pas protesté, trop épuisés pour remettre en question ma décision. Peut-être pensaient-ils que je voulais simplement m'assurer que nous ne courions aucun danger.

Je me suis donc aventuré seul sur l'île, traversant la dense végétation et suivant l'instinct qui me guidait. À chaque avancée je me rapprochait d'une vérité que je sentais être enfouie sous ces terres depuis des millénaires. Je me suis frayé un chemin à travers les buissons et les arbres jusqu'à atteindre la montagne, là où, selon les notes de mon grand-père, se trouvait l'entrée de la ville souterraine.

Après plusieurs heures de marche, j'ai découvert une fissure dans la roche, à peine visible parmi les lianes et les racines qui l'envahissaient. Il n'y avait aucun doute, c'était l'entrée de la grotte dont parlait mon grand-père. Le passage semblait étroit et obscur, mais j'étais déterminé à découvrir ce qui se cachait à l'intérieur.

Je pris une profonde inspiration avant de m'engouffrer dans l'obscurité. Chacun de mes pas me rappelait les récits de mon grand-père, et je savais que je m'aventurais dans un lieu où personne n'avait jamais mis les pieds. L'air devenait plus frais, et une étrange lueur émanait des parois de la grotte, me guidant dans ma progression. J'étais désormais seul, face à l'inconnu, prêt à découvrir les secrets de la Nouvelle Lémurie.

L'obscurité de la grotte m'enveloppa immédiatement, et seul le faible éclat des cristaux incrustés dans les parois me permettait de distinguer mon chemin. À chaque pas, mes battements de cœur résonnaient dans mes oreilles, comme un tambour qui rythmait mon avancée dans cet antre énigmatique. Je sentais la tension monter en moi, un mélange d'excitation et de peur, alors que je pénétrais plus profondément dans ce passage oublié du monde.

L'air se rafraîchissait à mesure que j'avançais, et une légère brise semblait souffler du fond de la caverne, portant avec elle une odeur de terre ancienne et de minéraux. Mes pas résonnaient faiblement sur le sol rocailleux, et chaque bruit, aussi minime soit-il, se répercutait en écho, amplifiant l'impression d'être complètement isolé du reste du monde.

À un moment, j'ai arrêté de marcher, comme figé par l'appréhension. J'ai tendu l'oreille, écoutant les profondeurs de la grotte. Rien d'autre que mon propre souffle ne brisait le silence. Mon cœur battait de plus en plus fort, presque douloureusement, comme si mon corps savait que j'étais sur le point de découvrir quelque chose d'important, quelque chose qui allait bouleverser ma vie à jamais.

Mes pensées revenaient sans cesse aux récits de mon grand-père. Je me demandais s'il avait ressenti la même chose en traversant ce même passage. Avait-il aussi eu cette étrange sensation que l'air était plus dense, presque palpable, chargé d'une énergie ancienne et vivante ? Je ne pouvais m'empêcher de me demander ce qui m'attendait au bout du tunnel. Une part de moi craignait de découvrir l'inconnu, mais une autre, plus forte, était irrémédiablement attirée par ce mystère.

La lumière des cristaux s'intensifiait à mesure que j'approchais d'un large corridor, ouvrant sur une vaste cavité souterraine. L'air devint encore plus frais, et une atmosphère de sérénité enveloppait l'endroit. Mes pas se firent plus lents, presque solennels, comme si je pénétrais dans un sanctuaire sacré. Je savais que j'étais proche de l'endroit où mon grand-père avait été conduit, et que bientôt, je découvrirais de mes propres yeux ce qu'il avait consigné dans son carnet. Le poids de l'héritage

familial se fit soudainement plus lourd, mais je continuai d'avancer, porté par une force intérieure que je ne pouvais expliquer.
Après ce qui me sembla une éternité, je débouchai enfin dans une vaste cavité. La lumière douce et diffuse des cristaux se reflétait sur les parois de la grotte, créant des jeux d'ombres et de reflets qui rendaient l'atmosphère presque surnaturelle. C'était un endroit d'une beauté énigmatique, comme si la nature elle-même avait façonné ce sanctuaire pour y abriter des secrets millénaires.
Je m'arrêtai un instant, pris par l'immensité du lieu. La cavité s'étendait devant moi, un espace si vaste qu'il semblait impossible qu'il puisse être caché sous terre. Des colonnes naturelles, sculptées par le temps et les éléments, s'élevaient du sol jusqu'à disparaître dans l'obscurité du plafond. Le silence était presque total, seulement brisé par le léger murmure de l'eau qui s'écoulait doucement le long des parois, alimentant un petit ruisseau qui serpentait à travers la cavité.
Mon cœur, qui avait battu si fort jusqu'à présent, se calma quelque peu, comme apaisé par la sérénité du lieu. Pourtant, une tension persistait en moi, un pressentiment que ce que je venais de découvrir n'était que le début de quelque chose de bien plus grand, de bien plus ancien.
Je continuai d'avancer prudemment, mes pas résonnant faiblement sur le sol humide. Au centre de la cavité, je remarquai une étrange formation rocheuse, un cercle de pierres disposées de manière trop précise pour être naturelle. Elles semblaient avoir été placées là par une main humaine ou par une civilisation ancienne, dans un but que je ne pouvais encore comprendre. Était-ce un lieu de rassemblement, un autel, ou une sorte de portail vers un autre monde ? Mon esprit bouillonnait de questions, mais je savais que les réponses viendraient en leur temps.

Je me rapprochai du cercle, sentant une énergie subtile émaner de ces pierres anciennes. L'endroit avait une aura sacrée, comme s'il était un point de connexion entre notre monde et celui de la Nouvelle Lémurie. Je posai ma main sur l'une des pierres, froide et lisse au toucher, et un frisson parcourut mon corps. C'était comme si je pouvais ressentir l'écho des âmes qui avaient autrefois habité cet endroit.

Je savais que la grande ville n'était plus très loin. Mon grand-père avait décrit dans son carnet cette même cavité, ce même cercle de pierres. Il parlait d'une porte cachée, dissimulée dans l'ombre, menant plus loin, vers le cœur de la montagne où s'étendait la cité oubliée. Mon souffle se fit court, alors que je réalisais que j'étais sur le point de suivre exactement ses traces, de découvrir ce qu'il avait découvert près d'un siècle auparavant.

Je pris une profonde inspiration et, guidé par une intuition inexplicable, je me mis à chercher l'entrée de la ville. Chaque instant passé dans cette cavité ne faisait qu'accentuer mon impatience, mais aussi ma détermination. J'étais prêt à affronter ce que j'allais trouver, et à révéler au monde l'existence de la Nouvelle Lémurie.

Alors que je m'aventurais plus profondément dans la cavité, un changement subtil dans l'air attira mon attention. Le passage que j'empruntais s'élargit soudain, ouvrant sur un espace immense, bien au-delà de ce que j'aurais pu imaginer. Je me trouvais maintenant dans une vaste salle souterraine, cachée au cœur de la montagne. Mon souffle se coupa net devant le spectacle qui s'offrait à moi.

Devant moi, une ville entière se révélait, cachée sous la terre depuis des millénaires. Les bâtiments, magnifiquement sculptés dans la roche, étaient faits d'une matière étrange et scintillante qui semblait vivante. Une lumière apaisante émanait de cristaux incrustés dans les murs, projetant des reflets dorés et argentés qui dansaient sur les surfaces lisses et polies. C'était un monde à part, un monde qui défiait les lois de la nature telle que nous la connaissons.

Mes yeux parcoururent l'immensité de la salle, captant chaque détail avec une fascination croissante. Les structures étaient harmonieuses, comme si chaque pierre, chaque courbe avait été façonnée avec une précision divine. Les édifices se dressaient majestueusement, entourés de ruisseaux cristallins qui serpentaient entre les ruelles, convergeant vers un large bassin au centre de la ville. L'eau semblait scintiller d'une lumière propre, reflétant les cristaux qui ornaient les façades.

Je restai immobile, absorbé par cette vision extraordinaire. Un sentiment de déjà-vu me traversa, comme si j'avais vu cet endroit auparavant, à travers les yeux de mon grand-père, grâce à ses récits détaillés. Et pourtant, en être témoin de mes propres yeux était une expérience bien plus puissante, bien plus intime.

Je me souvenais des mots de mon grand-père, inscrits dans son carnet : *« Ce que j'y ai découvert m'a coupé le souffle : une ville entière, dissimulée sous la montagne. Ses bâtiments, sculptés dans la roche, semblaient faits d'une matière brillante, presque vivante, reflétant une douce lumière émise par des cristaux incrustés dans les murs. »* Ces mots prenaient maintenant tout leur sens. J'étais là, debout dans cette même salle, face à cette même ville mystique, et je ressentais cette même admiration, ce même émerveillement.

Je savais que je ne pouvais pas m'attarder ici trop longtemps. La grande ville de la Nouvelle Lémurie n'était pas encore visible, mais je sentais sa présence, quelque part au-delà de cette salle, au cœur de la montagne. Le récit de mon grand-père résonnait dans mon esprit : il avait passé une nuit ici, dans l'une des habitations de cette ville intermédiaire, avant que Sha'an ne le conduise vers la cité principale. Mais moi, je n'avais pas ce luxe. Je n'avais croisé aucun être vivant depuis mon arrivée sur l'île. Je craignais de ne pas recevoir le même accueil que celui qui avait été réservé à mon grand-père, bien que tous ses écrits

pussent me laisser penser que ce peuple ne pouvait être que pacifique. Je devais continuer, avancer plus loin, trouver l'entrée qui me mènerait à ce qui se trouvait au-delà.
Je fis un pas en avant, puis un autre, laissant la lumière des cristaux me guider. Mes pensées se bousculaient, mélangeant la peur, l'excitation, et une étrange certitude que je devais absolument découvrir ce que mon grand-père avait vu, ce qu'il avait caché pendant toutes ces années.
En avançant prudemment à travers la vaste salle, je scrutais chaque recoin, cherchant des indices, des signes qui pourraient me guider vers l'entrée de la grande ville. Cet endroit semblait vide, mais j'avais pourtant l'impression d'être observé par des milliers d'âmes. Ce sentiment était nouveau et étrange. Le silence était total, à peine troublé par le doux murmure de l'eau des ruisseaux. Finalement, je repérai une structure distincte, une porte imposante sculptée directement dans la roche, ornée de symboles anciens que je ne pouvais déchiffrer.
Mon cœur battait plus fort à mesure que je m'approchais de cette porte. C'était la même que celle décrite par mon grand-père, celle qui menait à la cité principale de la Nouvelle Lémurie. Je sentais une énergie particulière émaner de ses gravures, une force invisible qui semblait m'attirer vers elle.
Je levai la main, hésitant un instant avant de la poser doucement sur la surface froide et lisse de la porte. Une légère vibration parcourut mon bras, comme si la pierre elle-même était vivante, réagissant à mon contact. Juste au moment où je m'apprêtais à pousser, je sentis quelque chose de surprenant. Une main ferme se posa sur mon épaule, me faisant sursauter.
Je me retournai brusquement, et mes yeux se posèrent sur une figure qui me parut à la fois familière et étrangère. Un homme se tenait là, vêtu d'une longue tunique aux teintes douces et brillantes, ses traits marqués par une sagesse indéfinissable. Je n'eus aucun doute sur son identité. C'était Sha'an, l'être que mon grand-père avait décrit avec tant de précision.

Je restai figé, le souffle coupé. Cet homme, s'il pouvait être qualifié ainsi, n'avait pas changé d'un iota depuis le récit de mon grand-père. Ses cheveux, d'une blancheur luminescente avec quelques reflets irisés, encadraient un visage à la fois doux et puissant. Ses yeux, d'un bleu perçant, semblaient scruter jusqu'au fond de mon âme. Chaque détail correspondait exactement à la description laissée par mon grand-père dans son carnet. Il était là, devant moi, comme s'il avait traversé les décennies sans subir la moindre altération du temps.

« Sha'an... » murmurais-je, à peine capable de prononcer son nom.

Un sourire se dessina sur ses lèvres, empli de bienveillance et de connaissance. « Je suis Sha'an, » dit-il d'une voix calme et enveloppante. « J'étais là pour ton grand-père, Edmund Reginald Kerk, et maintenant, me voici pour toi, Harlington. »

Son regard, empreint de cette sagesse indescriptible, semblait me transmettre un message au-delà des mots. Il n'y avait aucun doute, aucun malentendu possible. Sha'an était réel, tout comme l'histoire de mon grand-père. Je ressentis une vague d'émotions m'envahir : une profonde reconnaissance, une curiosité intense, mais aussi une étrange sérénité. Comme si, au fond de moi, j'avais toujours su que ce moment arriverait, que j'étais destiné à être ici, devant cette porte, avec cet être hors du commun.

« Viens, » dit Sha'an en me faisant un geste, m'invitant à le suivre. « Il est temps que tu voies par toi-même ce que ton grand-père a découvert. Le moment est venu. Notre émergence est proche. Elle marquera le début des réjouissances et des retrouvailles qui scelleront notre alliance avec l'Humanité à laquelle tu appartiens. »

Sha'an ouvrit la grande porte d'un geste gracieux, et un léger craquement résonna dans la vaste caverne. Je sentis un souffle d'air frais s'engouffrer par l'ouverture, porteur d'une douceur incomparable, comme si le monde au-delà de cette porte était imprégné d'une sérénité qui échappait à la surface de la Terre.
Je fus frappé par la lumière douce et diffuse qui baignait l'espace et qui devint soudainement très étincelante. Mais ce qui retint mon attention, ce furent les silhouettes qui m'attendaient de l'autre côté de la porte.
Une assemblée de Lémuriens se tenait là, immobiles, dans une attitude de calme et de dignité. Ils étaient grands, bien plus grands que n'importe quel humain que j'avais rencontré, mesurant tous plus de deux mètres. Leurs corps élancés étaient drapés de tissus fluides aux teintes pastel, qui semblaient se fondre dans la lumière environnante. Leur peau, d'une teinte blanche légèrement dorée, brillait d'une lueur intérieure, comme si la vie elle-même s'écoulait sous leur épiderme.
Mais ce qui me marqua le plus, ce furent leurs visages. Ils étaient à la fois familiers et étrangers, aux traits fins et harmonieux, empreints d'une sagesse indéfinissable. Leurs yeux, grands et expressifs, étaient d'une couleur qui variait entre le vert émeraude, le bleu glacial et l'or pur, irradiant une bienveillance qui me toucha profondément. Leur présence dégageait une paix si intense que je me sentis immédiatement à l'aise, malgré la grandeur du moment.
Chaque Lémurien portait des fleurs, des gerbes aux couleurs vives et éclatantes, que je n'avais jamais vues sur Terre. Les pétales de ces fleurs semblaient capturer la lumière et la réfractaient en une multitude de nuances, créant autour de chaque être une aura chatoyante. Ils avancèrent doucement vers moi, et l'un d'eux, une femme à la longue chevelure argentée, s'inclina légèrement avant de me tendre un bouquet. Les fleurs émettaient un parfum délicat, presque envoûtant, qui évoquait à la fois des souvenirs lointains et des promesses d'avenir.

« Bienvenue parmi nous, Harlington, » dit-elle d'une voix mélodieuse, chaque mot résonnant comme une note de musique. « Nous t'attendions. »

Je pris le bouquet avec une certaine révérence, touché par la chaleur de cet accueil. Leurs gestes étaient empreints de grâce et de respect, comme s'ils avaient conscience de l'importance de ce moment, non seulement pour moi, mais pour eux aussi.

Sha'an se plaça à mes côtés, et ensemble, nous avançâmes, entourés par ces êtres majestueux qui formaient un cercle autour de nous. Chacun semblait me transmettre silencieusement un message de paix, d'acceptation, et surtout d'espoir. C'était comme si, en ce moment précis, le poids de l'histoire et le lien profond entre les générations s'alignaient pour former un chemin, un pont entre leur monde et le nôtre.

Leurs regards, leurs sourires, tout en eux semblait dire que ce n'était que le début, que ce voyage, entrepris par mon grand-père et continué par moi, nous menait vers quelque chose de bien plus grand, quelque chose qui pourrait changer le cours de notre existence sur Terre.

Je suivis Sha'an et l'assemblée des Lémuriens au-delà la grande porte, mon cœur battant à tout rompre. Mes yeux avaient à peine eu le temps de s'habituer à la lumière douce qui émanait de la salle précédente, que je fus de nouveau plongé dans une vision qui surpassait tout ce que j'avais pu imaginer.

Dès que je franchis le seuil, je fus saisi par l'immensité de l'espace qui s'étendait devant moi. C'était comme si nous avions quitté le monde souterrain pour entrer dans un univers parallèle, un lieu si vaste et ouvert qu'il semblait impossible qu'il soit encore sous la montagne. Au-dessus de nous, s'étendait une voûte cristalline, d'une beauté à couper le souffle. Elle était composée de millions de cristaux, chacun captant et réfractant la lumière de manière si parfaite que la voûte paraissait un ciel bleu éclatant, parsemé de nuages légers. Le jour s'étendait ici sans fin, avec une lumière qui caressait la peau, diffusant une chaleur douce et apaisante.

Les cristaux, d'une complexité indescriptible, étaient disposés avec une précision telle qu'ils reproduisaient exactement le firmament, exactement comme mon grand-père l'avait décrit. Les teintes du ciel, du bleu azur au rose du crépuscule, se fondaient harmonieusement, créant l'illusion parfaite d'un cycle de jour éternel. Jamais je n'avais ressenti une telle sérénité. Tout mon être semblait absorbé par la lumière, comme si les rayons qui émanaient des cristaux pénétraient chaque fibre de mon corps, lavant mes peurs et mes doutes.

Sous cette voûte céleste, la ville de la Nouvelle Lémurie se dévoilait enfin dans toute sa splendeur. Devant moi, des bâtiments majestueux s'élevaient, leurs contours sculptés dans une matière qui semblait vivante, presque organique. Les murs lisses reflétaient la lumière des cristaux, créant un jeu d'ombres et de couleurs qui donnait l'impression que les structures étaient en mouvement, respirant au rythme de la lumière.

Les rues pavées, larges et accueillantes, serpentaient entre les édifices, bordées de jardins luxuriants où poussaient des arbres géants. Ces arbres, plus grands et plus imposants que tout ce que j'avais vu à la surface, portaient des fruits aux couleurs vives et des feuilles d'un vert éclatant. Les branches semblaient tendre vers le ciel cristallin, comme si elles cherchaient à toucher l'immensité au-dessus de nous.

À travers ces jardins coulaient de petits ruisseaux, dont l'eau claire et scintillante reflétait les cristaux du ciel. Le murmure apaisant de l'eau ajoutait à l'atmosphère une sensation de tranquillité et de connexion profonde avec la nature environnante. Des ponts délicats, sculptés dans des cristaux semblables à ceux de la voûte, permettaient de traverser ces cours d'eau. Chaque pont était une œuvre d'art, aussi finement travaillé qu'un bijou, et pourtant solide sous mes pieds.

Sha'an, se tenant toujours à mes côtés, observait mon émerveillement avec un sourire bienveillant. « Bienvenue à la porte de notre ville, » dit-il doucement, sa voix résonnant avec la mélodie de l'eau et la lumière environnante. « Ce que tu vois ici n'est qu'un avant-goût de ce qui t'attend. La Nouvelle Lémurie est bien plus qu'une ville ; c'est un sanctuaire, un refuge, et un espoir pour ceux qui chercheront à renouer avec la sagesse des origines. »
Je sentais un mélange d'émotions m'envahir, une gratitude profonde pour avoir été conduit jusqu'ici, un émerveillement face à cette beauté inégalée, et une conscience grandissante du poids de l'héritage que mon grand-père m'avait laissé. Chaque pas que je faisais dans cette cité cachée me rapprochait un peu plus de la vérité qu'il avait découvert, et que je me devais de préserver et de transmettre.

Sha'an m'invita à le suivre. « Maintenant, » dit-il d'une voix empreinte de solennité, « il est temps que tu sois présenté au Grand Conseil de la Régence Lémurienne. Ils t'attendent. »
Ces mots firent battre mon cœur plus vite. J'avais à peine eu le temps de m'acclimater à la splendeur de cet endroit que déjà une nouvelle étape, sans doute la plus importante de mon voyage, s'annonçait.
Nous empruntâmes un chemin sinueux, bordé de ces arbres majestueux et de ces ruisseaux argentés. À chaque tournant, de nouvelles merveilles se dévoilaient, jusqu'à ce que nous arrivions devant un édifice dont la grandeur et la majesté surpassaient tout ce que j'avais vu jusque-là.
L'édifice qui se dressait devant nous était entièrement façonné dans un cristal d'une pureté inouïe, d'un blanc nacré aux reflets irisés. Il était conçu sur un plan de géométrie sacrée, si parfait et harmonieux que la seule vue de ses formes semblait apaiser l'esprit et élever l'âme. Les lignes architecturales étaient d'une symétrie impeccable, chaque angle, chaque courbe étant calculé

pour canaliser et amplifier les énergies subtiles de cet endroit. Les murs, d'une transparence cristalline, laissaient passer la douce lumière diffusée par la voûte céleste au-dessus, créant un jeu de couleurs délicat, une danse de lumière et d'ombre qui semblait insuffler une vie propre à l'édifice.
À l'intérieur, l'atmosphère était empreinte de sérénité et de grandeur. Le sol, lui aussi en cristal, résonnait sous nos pas d'un son mélodieux, presque musical, chaque note ajoutant à l'harmonie du lieu. Le centre de la salle était occupé par une grande table circulaire, elle aussi taillée dans le cristal. Sa surface semblait capter et refléter la lumière de la voûte au-dessus, projetant des motifs de géométrie sacrée sur les murs de l'édifice.
Autour de cette table, treize fauteuils massifs étaient disposés en cercle parfait. Ils étaient d'une simplicité élégante, mais dégageaient une force tranquille, une autorité naturelle. Chaque fauteuil était légèrement différent, symbolisant probablement la diversité des êtres qui allaient les occuper, mais tous semblaient émaner une énergie commune, celle de la sagesse et de la régence. Des gravures subtiles, incrustées de cristaux de couleur, ornaient chaque siège, représentant des symboles anciens dont le sens m'échappait encore, mais dont je sentais qu'ils portaient une signification profonde.
Les murs de la salle étaient décorés de fresques délicatement gravées, représentant des scènes de la vie lémurienne ancienne, des moments de communion avec la nature, des représentations de leur savoir ancestral et de leur sagesse spirituelle. Le plafond, haut et voûté, était lui aussi orné de cristaux, disposés de manière à reproduire les constellations célestes, comme pour rappeler l'harmonie entre le ciel et la terre, entre l'univers visible et invisible.
Sha'an, se tenant près de moi, m'invita à m'avancer vers le centre de la salle. « Le Grand Conseil de la Régence Lémurienne ne tardera pas à te rejoindre, » dit-il avec calme. « Ils sont les

gardiens de notre civilisation et les dépositaires de notre sagesse. Leurs décisions guident notre peuple depuis des millénaires. Aucun être de la surface n’a jamais été invité en ce lieu, mais ton lien avec ton grand-père, et ta quête pour découvrir la vérité, t'ont amené ici, à ce moment précis. »
Je sentais une grande responsabilité peser sur mes épaules, mais aussi un profond honneur. Ce lieu sacré, où les décisions cruciales pour la survie de cette civilisation étaient prises, allait maintenant être le théâtre d'une rencontre qui marquerait à jamais mon existence.

La porte cristalline par laquelle nous étions entrés se mit à émettre un léger bourdonnement, annonçant l'arrivée des membres du Grand Conseil. Sha'an se tourna vers moi, ses yeux reflétant une sérénité inébranlable. « Ils sont là, » murmura-t-il doucement.
Un à un, les membres du Conseil firent leur entrée dans la salle. Chacun d'eux semblait incarner la majesté et la sagesse de cette ancienne civilisation. Ils étaient tous d'une taille imposante, mesurant bien plus de deux mètres. Leurs silhouettes élancées et musclées, ainsi que leurs mouvements gracieux leur conféraient une aura presque éthérée. Leurs cheveux ondulés, d'un blanc éclatant, étaient parsemés de reflets irisés, comme si la lumière même dansait au rythme de leurs pensées. Ces reflets donnaient l'impression que leurs chevelures étaient faites de fils d'argent et de cristal, captant et renvoyant les douces lueurs qui imprégnaient la salle.
Le premier à s'avancer portait le nom d'Oranos’Ra. Son regard perçant, d'un bleu profond, semblait traverser les âges et lire dans mon âme. Sa voix, bien qu'elle fût douce, résonnait avec une autorité naturelle. « Sha'an, » dit-il en s'inclinant légèrement, « tu nous présentes un visiteur de la surface, un descendant d'Edmund Reginald Kerk. »

Sha'an inclina respectueusement la tête. « Oui, Oranos. Il est celui qui a retrouvé le chemin de notre cité, guidé par la mémoire de son aïeul et par sa soif de vérité. »
Le deuxième membre du Conseil, une femme au port majestueux, s'avança alors. Ses yeux, d'un vert émeraude, brillaient d'une intelligence et d'une bienveillance profondes. Elle se nommait Laan'Dara. Sa voix était douce comme un murmure de vent parmi les arbres, mais elle portait en elle une puissance tranquille. « Nous t'accueillons en ces lieux préservés, toi, l'homme venu de la surface. Ta présence ici est un signe que le temps de l'accomplissement approche. »
À ses côtés, un autre membre du Conseil prit place. Il se prénommait Nirael. Ses traits étaient plus sévères, mais ils n'étaient en rien dénués de chaleur. Ses cheveux irisés reflétaient la lumière d'une manière différente, presque incandescente, comme s'ils renfermaient le feu des profondeurs de la Terre.
« Nous avons beaucoup en commun, » dit-il d'une voix grave, « mais il reste encore des ajustements à imprégner dans les sociétés de la surface de la Terre afin que notre émergence puisse être planifiée. Nous souhaitons que tu sois le moteur de cette préparation et que tu prépares tes frères à notre venue. »
J'acquiesçai sans mot dire, sans vraiment comprendre de quoi il voulait parler.
Les autres membres du Conseil prirent tour à tour place autour de la table circulaire. Ils se présentèrent un à un, avec une grande bienveillance. Tous étaient d'une beauté intemporelle et éthérée, portant les signes d'une intelligence et d'une sagesse ancestrales. Leur présence, bien que paisible, dégageait une force qui semblait inébranlable. Les membres du Conseil s'installèrent autour de la table, leurs regards se posant sur moi avec une intensité qui m'atteignit au plus profond de mon être. Je sentais que ce moment était d'une importance capitale, non seulement pour moi, mais aussi pour eux. Je pouvais ressentir la joie qui se dégageait de chacun d'eux.

Sha'an prit la parole, s'adressant à l'ensemble du Conseil. « Voici Harlington Kerk, descendant d'Edmund Reginald Kerk, celui qui fut parmi nous il y a bien des années. Il a trouvé le chemin de la Nouvelle Lémurie, guidé par l'héritage laissé par son grand-père. Il est ici aujourd'hui pour comprendre, pour savoir, et peut-être pour accomplir ce qui doit l'être. »
Je sentis le poids des regards sur moi, chacun d'eux semblait scruter mon âme, évaluer la sincérité de ma présence. Puis, Oranos'Ra s'adressa directement à moi. « Harlington Kerk, » dit-il d'une voix solennelle, « ton arrivée en ces lieux n'est pas le fruit du hasard. Nous avons attendu ce moment, et maintenant que tu es ici, nous devons te dire pourquoi. Mais avant tout, nous voulons entendre tes paroles. Que cherches-tu en venant jusqu'à nous ? »
Je pris une grande inspiration avant de commencer à parler, sentant toute l'attention que me portaient ces êtres anciens et sages. « Depuis que j'ai découvert le carnet de bord de mon grand-père, » dis-je en plongeant mon regard dans celui d'Oranos-Ra, « j'ai toujours su que ce que j'y avais lu devait rester un secret. Je n'avais que treize ans à l'époque, mais je comprenais déjà que ce qu'il avait découvert n'était pas destiné à être partagé avec le monde, du moins pas encore. »
Je me tus un instant, revivant mentalement ce moment où j'avais tenu le carnet pour la première fois, sentant le poids de l'histoire dans mes mains. « J'ai gardé ce secret toute ma vie, comme un trésor précieux. J'ai senti que les mots de mon grand-père avaient été écrits avec une prudence et une sagesse qui dépassaient son temps. Il avait pressenti que la révélation de votre existence pourrait avoir des conséquences que le monde n'était pas prêt à affronter. Alors, j'ai gardé le silence. »
Laan'Dara, dont les yeux émeraude semblaient pénétrer dans les tréfonds de mon esprit, hocha légèrement la tête, comme pour approuver ma décision. Je poursuivis : « Pourtant, au fil des années, un appel est né en moi, d'abord faible, presque

imperceptible, mais qui est devenu de plus en plus fort avec le temps. C'était comme une voix intérieure, un murmure profond et puissant qui me poussait à venir ici, à voir de mes propres yeux ce que mon grand-père avait découvert. Je suis persuadé qu'il n'y a pas de hasard, et que ma venue ici, tout comme la sienne, a une raison. »

« Tu dis vrai, » me répondit Oranos-Ra, « la venue de ton grand-père ainsi que la tienne ont une raison d'être. Notre émergence est proche. Nous avons attendu patiemment pendant des milliers d'années avant de renouer contact avec un humain de la surface. Nous avons perçu la qualité d'âme de ton grand-père, ainsi que son grand cœur et sa générosité vis-à-vis des siens. Nous l'avons appelé par la conscience lorsque son navire a échoué sur l'île. C'est de cette façon qu'il a trouvé son chemin jusqu'ici. Il en a été de même pour toi. Ton courage et la clarté de ton âme t'ont permis de retrouver le chemin vers notre cité grâce aux liens télépathiques que nous avions créé avec toi, par le carnet de bord de ton grand-père. Et nous t'avons appelé, pour que ton cœur te conduise jusqu'à nous. Oui, tout a une raison d'être. »

Je sentais l'émotion monter en moi, une combinaison d'excitation, de peur et de détermination. « Cet appel est devenu tellement intense qu'il a fini par dominer toutes mes pensées. Ce n'était pas seulement une curiosité ou un désir de marcher dans les traces de mon grand-père. C'était un besoin viscéral, comme si une part de mon âme ne serait jamais en paix tant que je n'aurais pas découvert la vérité sur la Nouvelle Lémurie. »

Sha'an m'écoutait en silence, ses yeux reflétant une profonde compréhension. Je sentis qu'il savait exactement ce que j'avais ressenti, comme s'il avait lui-même entendu cet appel résonner.

« Et maintenant que je suis ici, » continuai-je, « je comprends pourquoi cet appel était si puissant. Il y a une urgence en moi, une urgence de faire connaître au monde la présence de votre civilisation. Mais en même temps, je suis conscient des dangers que cela pourrait engendrer. »

Je laissai mes paroles flotter dans l'air un moment, observant les réactions des membres du Conseil. Chacun d'eux semblait peser mes mots, comme s'ils évaluaient non seulement ce que j'avais dit, mais aussi ce que je n'avais pas dit, les pensées et les émotions que je n'avais pas exprimées. « Je ressens que le temps est venu, » ajoutai-je enfin, « que le monde à la surface est peut-être prêt à entendre parler de vous. Mais je ne sais pas encore comment, ni si c'est vraiment ce que je dois faire. C'est pour cela que je suis ici, pour comprendre, pour savoir quelle est ma place dans tout cela, et pour recevoir votre guidance. »

Sha'an prit la parole, sa voix résonnant doucement dans l'immense salle cristalline. « Tu as raison, le temps est presque venu, » dit-il en posant son regard sage et bienveillant sur moi.

« Depuis des millénaires, nous avons vécu à l'intérieur de la sphère terrestre, attendant le moment propice pour réémerger et accompagner l'humanité vers un avenir plus lumineux. Ce moment approche, car de plus en plus d'êtres humains prennent conscience de la nécessité de préserver leur planète, leur foyer, et de vivre en harmonie avec elle. Notre modèle sociétal diffère de celui qui existe à la surface. Il en est de même pour notre organisation et notre façon de vivre. C'est ce modèle, conforme aux lois des origines et à ce qu'était la grande civilisation de la Lémurie avant sa disparition, qui nous a permis de faire perdurer notre existence et de maintenir en parfaite santé nos corps, de préserver notre environnement et de ne pas subir les conséquences d'une évolution désordonnée. L'évolution à la surface de la Terre a été désordonnée. Et il est temps de lui redonner sa splendeur originelle. »

Il se tourna vers les autres membres du Conseil, qui acquiescèrent silencieusement. Sha'an continua : « Les hommes et les femmes de la surface commencent à comprendre que leur existence est intimement liée à celle de la Terre. Ils réalisent que la destruction qu'ils infligent à leur environnement les condamne à long terme. De plus en plus d'entre eux cherchent des réponses, des vérités qui transcendent les frontières de leur perception actuelle. Ils pressentent qu'ils ne sont pas seuls, qu'il existe d'autres formes de vie, d'autres civilisations prêtes à les accompagner dans leur évolution. »

Il y avait une chaleur et une compassion indéniables dans sa voix, comme s'il portait en lui l'espoir de toute une civilisation pour l'Humanité. « Cependant, » poursuivit-il, « bien que les signes soient encourageants, nous devons agir avec prudence. Avant que nous puissions nous révéler pleinement, il est crucial que les habitants de la surface soient bien préparés. Si nous apparaissions trop tôt, ou de manière trop abrupte, cela pourrait semer la confusion, voire la peur. Les humains doivent d'abord être réceptifs à notre présence et à nos messages. »

Sha'an fit une pause, observant les cristaux lumineux qui formaient la voûte au-dessus de nous, comme s'il cherchait à capter une sagesse encore plus ancienne dans leur éclat. « Nous souhaitons faire passer plusieurs messages avant notre émergence, » dit-il finalement, en revenant à moi. « Des messages d'unité, de respect mutuel, et de paix. Nous voulons aider les humains de la surface à développer leur conscience, à mieux comprendre leur rôle au sein de l'écosystème terrestre, et à se reconnecter avec la sagesse originelle qu'ils ont presque oubliée. La sagesse du cœur pour une vie sereine, voilà le secret qui fait actuellement défaut à l'Humanité. »

Je pouvais sentir l'importance de ce qu'il disait, la gravité de cette mission. Sha'an me fixa avec intensité, mais sans agressivité. « Nous te demandons de porter ces messages, Harlington. Tu as été choisi pour être l'intermédiaire, celui qui fera le pont entre nos deux mondes. Mais cela doit se faire en douceur, par étapes. Il est essentiel que ceux qui reçoivent ces messages soient ouverts et prêts à les comprendre. »

Il termina en posant doucement une main sur mon épaule, comme pour me transmettre sa force et sa sérénité. « Nous sommes ici pour guider, pour enseigner. Mais le chemin vers la lumière doit être parcouru par ceux qui le désirent ardemment. Es-tu prêt à assumer cette responsabilité, à devenir le messager des Lémuriens de la Nouvelle Lémurie pour le monde de la surface ? »

Je sentis mon cœur battre plus fort dans ma poitrine. Je savais que ce moment marquerait une mission que je ne pouvais pas refuser, même si elle allait changer le cours de mon existence à jamais. Sha'an connaissait déjà ma réponse, il la lisait dans mon esprit. « Alors nous allons t'apprendre tout ce que tu dois savoir sur notre civilisation. Tu rapporteras nos messages à ceux et celles de la surface qui sauront les entendre et les recevoir avec la sagesse du cœur. »

L'organisation harmonieuse de la grande cité de la Nouvelle Lémurie par Oranos-Ra

À vous qui découvrez ces mots, recevez les salutations de la Nouvelle Lémurie. Je suis Oranos-Ra, membre du Grand Conseil de la Régence Lémurienne, et c'est avec une grande joie que je partage aujourd'hui avec vous la sagesse qui a guidé notre peuple depuis des éons.

Je souhaite vous en apprendre davantage sur l'agencement de notre vaste cité souterraine, que nous appelons la Nouvelle Lémurie. Cette cité est organisée en trois strates distinctes, chacune représentant un niveau d'organisation et d'expansion. Au cœur de la ville se trouve un disque circulaire d'un diamètre de treize kilomètres. C'est ici que s'élèvent les édifices les plus imposants, y compris le Grand Dôme qui abrite la salle du Grand Conseil de la Régence Lémurienne.

Autour de ce centre s'étend la première strate, composée de trois cercles de vie. Ces cercles sont séparés par des cours d'eau et reliés entre eux par des ponts.

En s'éloignant toujours plus du centre, les deux autres strates qui suivent le même modèle sont également formées de trois cercles chacun, avec des cours d'eau les séparant et des ponts les reliant, créant ainsi une harmonie fluide entre les différentes parties de la cité.

La première strate de vie se nomme **Velethar**. Ce nom, qui signifie *sanctuaire sacré de paix et de guérison*, évoque la fonction profonde de cet espace dédié à la régénération spirituelle et physique. Velethar est le cœur sacré de la Nouvelle Lémurie, un lieu où se mêlent les énergies originelles et les nouvelles forces de guérison qui se sont développées au fil du temps.

Le Grand Temple de la Guérison de Mu est l'édifice central de Velethar. Transposé ici il y a plus de 15 000 ans, lorsque la surface de Mu fut engloutie, ce temple demeure un puissant centre de guérison. Les Lémuriens y viennent pour se ressourcer, rééquilibrer leurs énergies, et recevoir des soins prodigués par les guérisseurs les plus sages de notre peuple. Le temple est un espace que vous, de la surface, qualifieriez de grandiose, fait de pierres cristallines des origines qui émettent une douce lumière bleutée. À l'intérieur, nous trouvons des *chambres de guérison* où ceux qui expriment le besoin d'être ressourcés sont entourés de cristaux vibrants, alignés sur des fréquences qui restaurent le corps et l'esprit. Ces chambres sont conçues pour s'harmoniser avec le champ énergétique de chaque individu afin de créer un espace personnalisé où les énergies peuvent circuler librement.

Autour du temple s'étendent les *jardins sacrés*, où poussent des plantes médicinales rares et anciennes, préservées depuis des millénaires, qui n'existent plus à la surface de la Terre. Ces jardins sont entretenus avec le plus grand soin par les gardiens de Velethar, qui ont hérité des secrets de la botanique lémurienne. Les chemins sinueux qui traversent ces jardins conduisent les visiteurs à des sanctuaires plus petits, dédiés à des aspects spécifiques de la guérison et de la méditation.

Un autre lieu emblématique de Velethar est le **Dôme de la Résurgence Cristalline**. Ce dôme, immense et scintillant, abrite une bibliothèque vivante constituée des cristaux les plus anciens de Mu. Ces cristaux renferment des connaissances inestimables, gravées en eux sous forme de fréquences et de motifs lumineux. Ils conservent non seulement les archives historiques de la civilisation lémurienne, mais aussi des informations scientifiques, technologiques et spirituelles. Dans cette bibliothèque, nous pouvons découvrir les détails de l'évolution de la civilisation de Mu, les secrets de sa technologie cristalline avancée, ainsi que les plans d'agencement des villes souterraines interreliées qui font partie de la conscience lémurienne.

Les archives cristallines sont disposées en cercles concentriques, chaque rangée contenant des cristaux codés selon un thème spécifique : l'histoire de Mu, la science des cristaux, les arts mystiques des origines et les récits des grandes figures lémuriennes. Les visiteurs peuvent interagir avec ces cristaux en plaçant leurs mains au-dessus d'eux, déclenchant ainsi la libération des informations par des séquences de lumière et de sons harmonieux spécifiques.

En dehors du temple et du dôme, Velethar est un espace où la nature et l'architecture se marient harmonieusement. Quelques habitations y sont dispersées, intégrées de manière discrète dans le paysage sacré. Ces demeures sont réservées aux gardiens et aux sages qui veillent sur les lieux et qui vivent en communion avec les énergies spirituelles qui imprègnent la strate.

Velethar abrite également des *chambres d'harmonie*, des salles où les Lémuriens viennent pour des *cérémonies de résonance*. Ces cérémonies utilisent des instruments cristallins qui émettent des sons purs, capables d'ajuster les fréquences de ceux qui y participent, harmonisant ainsi leur énergie avec celle de la cité entière. Les *bassins de purification*, alimentés par des sources naturelles souterraines, sont un autre élément clé de Velethar. L'eau de ces bassins est réputée pour ses propriétés curatives, et les Lémuriens s'y plongent avant de participer aux cérémonies importantes ou lorsqu'ils ressentent le besoin de se purifier en profondeur.

Ainsi, Velethar est en quelque sorte le cœur spirituel de la Nouvelle Lémurie, un sanctuaire où se concentrent les énergies les plus pures, où les Lémuriens se reconnectent avec leurs origines et où la sagesse ancestrale est perpétuée pour les générations futures.

La plupart des habitants de la Nouvelle Lémurie résident sur la seconde strate de vie, connue sous le nom de **Yltharaa**. Cette strate est composée de trois grands cercles de vie, chacun dédié à un aspect essentiel du quotidien des Lémuriens. Ce niveau intermédiaire de la cité reflète l'harmonie et l'équilibre entre la vie personnelle, l'apprentissage et l'interaction communautaire.

Le premier cercle, que l'on appelle **Arânil**, abrite les habitations. Chaque foyer est conçu dans le respect des énergies naturelles, construit à partir de matériaux cristallins qui captent et diffusent la lumière subtile émise par la voûte céleste de la cité. Les habitations sont intégrées harmonieusement dans des jardins luxuriants, où des plantes médicinales et des arbres fruitiers poussent en abondance. L'intérieur de chaque maison est simple mais raffiné, décoré avec des motifs géométriques sacrés qui symbolisent la connexion entre l'individu, la communauté et l'univers.

Les Lémuriens vivent en communautés familiales élargies, où plusieurs générations cohabitent dans un même espace, favorisant ainsi la transmission des connaissances et des traditions. L'accent est mis sur la vie collective, l'entraide et le partage. Le respect des rythmes naturels et le maintien de la paix intérieure sont des valeurs essentielles qui se reflètent dans leur quotidien.

Le second cercle, nommé **Myrondil**, est dédié à l'éducation et au développement personnel. Ici, les enfants, les jeunes et les adultes viennent pour apprendre et perfectionner leurs compétences, guidés par des enseignants sages et bienveillants. L'éducation à Yltharaa ne se limite pas simplement à l'acquisition de connaissances intellectuelles, elle englobe également le développement spirituel, émotionnel et physique. Les *temples de l'éducation* sont conçus comme des espaces ouverts, entourés de nature, où les élèves peuvent apprendre en interagissant avec leur environnement.

Les enseignements portent sur une variété de disciplines, allant des sciences naturelles aux arts mystiques, en passant par la musique, la danse et la méditation. L'objectif est de former des êtres complets, en harmonie avec eux-mêmes et leur environnement, capables de contribuer de manière significative à la communauté. L'éducation est perçue comme un voyage personnel, où chaque individu est encouragé à suivre son propre chemin, guidé par ses talents et ses aspirations.
Le troisième cercle, appelé **Naylanor**, est le cœur communautaire d'Yltharaa. C'est là que les Lémuriens se rassemblent pour les festivals, les cérémonies et les réunions de la communauté. Les bâtiments de Naylanor sont ouverts, lumineux, et décorés de fleurs et de cristaux, créant une atmosphère de célébration perpétuelle. Les ruisseaux qui traversent ce cercle convergent vers des bassins sacrés, où l'eau pure est utilisée lors des cérémonies de purification et de guérison collective.
Naylanor abrite également des espaces où les Lémuriens peuvent pratiquer leurs arts et exprimer leur créativité. La musique et la danse jouent un rôle central dans la culture lémurienne et ces pratiques sont encouragées à Naylanor, où les artistes de tous âges viennent partager leurs talents et se nourrir de l'inspiration des autres.
Yltharaa, avec ses trois cercles interconnectés par des ponts cristallins, est plus qu'un lieu de vie. C'est un espace de croissance, d'harmonie et de communauté. Chaque aspect de la vie quotidienne est imprégné de la conscience que chaque être est une partie intégrante d'un tout plus vaste et que chaque action, chaque pensée, résonne à travers l'ensemble de la cité, afin de contribuer à son équilibre et à son bien-être.

Azuraen, la troisième strate de vie de la Nouvelle Lémurie, est un espace où la nature règne en maître, un lieu de préservation et de symbiose entre les êtres vivants et l'environnement. Le nom

Azuraen évoque la sérénité et la pureté, signifiant littéralement *« terre d'azur et de vie »*. Cette strate est dédiée à la conservation de la biodiversité et au maintien des écosystèmes qui ont prospéré dans les profondeurs de la Terre depuis des millénaires.

En entrant dans Azuraen, nous sommes immédiatement frappés par la luxuriance de la végétation. Des forêts denses, peuplées d'arbres colossaux, bien plus grands que ceux que l'on trouve à la surface, dominent le paysage. Ces arbres, dont certains atteignent plusieurs centaines de mètres de hauteur, sont les gardiens silencieux de ce sanctuaire naturel. Leurs feuilles, d'un vert profond avec des reflets bleutés, captent et filtrent la lumière cristalline qui émane de la voûte au-dessus, créant une ambiance sereine et légèrement irréelle.

Azuraen est aussi un lieu où les animaux sacrés de Mu, préservés depuis des temps immémoriaux, vivent en harmonie. Ces créatures, pour certaines disparues depuis longtemps à la surface, ont trouvé refuge dans cet écrin de verdure. On y croise des oiseaux aux plumes iridescentes, dont les chants mélodieux résonnent à travers la forêt, des félins majestueux, gardiens des lieux, et des créatures aquatiques qui évoluent paisiblement dans les rivières et lacs souterrains. Tous nos animaux sont végétariens. Ces animaux ne sont pas simplement protégés, ils sont respectés et considérés comme des partenaires dans l'équilibre de la vie dans la Nouvelle Lémurie.

La **Rivière de Lumière**, un cours d'eau cristallin qui serpente à travers toute la strate, est l'artère principale d'Azuraen. Ses eaux, illuminées par des cristaux luminescents, sont réputées pour leurs propriétés régénératrices. Les Lémuriens viennent souvent s'y baigner, puisant dans cette eau l'énergie nécessaire à leur bien-être. La rivière alimente également des bassins naturels, où se trouvent des plantes aquatiques d'une rare beauté, utilisées dans les rituels de guérison et pour la préparation de remèdes naturels.

Les **jardins de préservation**, situés à l'est de la strate, sont des espaces soigneusement entretenus où sont cultivées des plantes médicinales et des herbes rares. Ces jardins ne sont pas simplement des lieux de culture, ils sont conçus selon des principes de géométrie sacrée, chaque parcelle étant dédiée à une espèce spécifique et alignée sur les fréquences énergétiques qui favorisent sa croissance et son épanouissement. Les herboristes et guérisseurs lémuriens viennent ici pour récolter les plantes dont ils ont besoin, en respectant des techniques anciennes qui honorent l'abondance de la nature.

Azuraen est aussi le siège du **Temple de l'Harmonie Naturelle**, un édifice en forme de spirale qui symbolise l'interconnexion de toutes les formes de vie. Ce temple est un lieu de méditation et de communion avec les forces de la nature. Nous y pratiquons des cérémonies saisonnières, au cours desquelles nous réaffirmons notre engagement à préserver l'équilibre entre notre peuple et notre environnement. Le temple est construit en matériaux organiques et cristallins qui vibrent en harmonie avec les rythmes naturels de la Terre.

Enfin, Azuraen est un espace d'enseignement et de transmission des savoirs écologiques. Des centres d'apprentissage sont disséminés à travers la strate, où les jeunes viennent étudier les lois de la nature, apprendre à interagir avec les espèces végétales et animales et découvrir les secrets de la médecine naturelle. Ces centres sont ouverts à tous, car la préservation de l'environnement est une responsabilité collective profondément ancrée dans la culture lémurienne.

Azuraen n'est pas seulement un sanctuaire de la nature, mais aussi un lieu où la sagesse ancienne se perpétue, où chaque être vivant joue un rôle dans le maintien de l'équilibre universel. C'est un espace où l'harmonie entre les Lémuriens et leur environnement atteint son apogée, un modèle d'écosystème vivant en parfaite symbiose avec les lois naturelles.

Au cœur de la Nouvelle Lémurie s'étend un disque circulaire d'une majestueuse envergure, mesurant treize kilomètres de diamètre. Cet espace central, véritable épicentre de la cité souterraine, est le siège des édifices les plus imposants et les plus symboliques de la civilisation lémurienne.

Parmi ces structures, le **Grand Dôme de la Régence** se dresse avec une magnificence inégalée. Ce dôme, dont la surface extérieure scintille grâce à une multitude de cristaux délicatement gravés, est à la fois un symbole de l'unité de la cité et un réceptacle des énergies cosmiques qui alimentent l'équilibre spirituel de ses habitants. **Le Grand Dôme** abrite la salle du **Conseil de la Régence Lémurienne**, où se réunissent les treize sages pour gouverner et préserver la sagesse originelle de leur peuple.

Les autres édifices qui entourent ce dôme central forment un ensemble harmonieux d'architectures sacrées et fonctionnelles, chacun ayant été conçu selon les principes de la géométrie sacrée. Ces structures, malgré leur taille imposante, semblent presque éthérées, comme si elles flottaient au-dessus du sol, intégrant parfaitement la lumière diffusée par les cristaux qui tapissent la voûte céleste de la cité. Des tours d'observation, des sanctuaires de méditation et des centres de savoir s'élèvent également dans ce cercle central, constituant le cœur vibrant de la vie lémurienne.

Le centre de la ville est bien plus qu'un simple noyau urbain, c'est le point de convergence des énergies de la Nouvelle Lémurie, un lieu où se mêlent la puissance spirituelle, la sagesse millénaire et la force collective et joyeuse de ses habitants. C'est ici que réside l'âme de la cité, un espace sacré où passé, présent et futur coexistent dans une harmonie parfaite, assurant la pérennité de la civilisation lémurienne à travers le temps.

L'agencement de notre cité souterraine n'est pas le fruit du hasard, mais une manifestation consciente des lois universelles qui régissent l'harmonie de toutes choses. Depuis l'aube de notre civilisation, nous avons compris que pour vivre en véritable accord avec l'univers, notre habitat devait refléter les principes mêmes de la Création et respecter les lois originelles. Ainsi, notre ville est organisée selon un plan circulaire, un schéma sacré qui incarne l'éternité, l'unité et la perfection.

Le cercle, symbole universel de l'infini, est au cœur de notre architecture. Tout ici converge vers un centre, un point d'équilibre d'où émane l'énergie vitale qui nourrit notre cité. Ce centre est une source inépuisable de lumière et de vie, un puits d'énergie cristalline que nous avons appris à canaliser et à diffuser. De là partent des canaux invisibles mais puissants, des courants d'énergie qui traversent chaque structure, chaque cristal, chaque pierre, chaque être, maintenant l'harmonie et la vitalité de notre cité.

Les bâtiments eux-mêmes sont agencés en cercles concentriques, symbolisant à la fois l'inclusion et l'interconnexion. Les espaces publics, où nos citoyens se rassemblent pour échanger, célébrer et se ressourcer, sont situés aux premiers cercles, proches du centre. Ces lieux sont imprégnés d'une énergie vibrante, favorisant la communion des esprits et la cohésion de notre peuple. Plus on s'éloigne du centre, plus les structures deviennent personnelles, réservées à la méditation, au repos, à la régénération de l'âme. Cette disposition garantit que chacun trouve sa place, tout en restant connecté au cœur vivant de la cité.

Nos cours d'eau, tels des rivières de lumière, suivent également ce schéma. De petits ruisseaux, scintillant comme des joyaux, serpentent à travers les cercles extérieurs, rejoignant progressivement des canaux plus larges, eux-mêmes circulaires, qui entourent le centre. Ces eaux ne sont pas seulement des sources de vie, elles sont aussi porteuses de mémoire, gardiennes des pensées et des émotions de notre peuple. Elles assurent une circulation fluide de l'énergie, purifiant et revitalisant tout ce qu'elles touchent.

Les ponts de cristal qui enjambent ces cours d'eau sont des merveilles d'art et de technologie. Ils ne sont pas de simples structures, mais des passerelles spirituelles, reliant non seulement des lieux physiques, mais aussi des dimensions de l'existence. Lorsque l'on traverse un de ces ponts, on ressent une élévation de l'âme, une reconnexion avec l'essence divine qui imprègne notre monde. Ces cristaux, forgés par la Terre elle-même il y a des millénaires, amplifient les énergies, renforcent la clarté de l'esprit et apportent une paix profonde à ceux qui les traversent.

Le choix d'organiser notre ville selon ces principes sacrés a façonné notre existence collective. Chaque pierre, chaque cristal, chaque goutte d'eau porte en elle le souvenir de notre passé et le potentiel de notre futur. Notre cité est une expression vivante de la sagesse cosmique, un sanctuaire où l'harmonie règne en maître.

Puissent ces mots éclairer votre chemin et vous rappeler que, même sur la surface de votre monde, il est possible de vivre en accord avec les lois universelles et les principes originels de la Création. L'harmonie, la paix et la prospérité ne sont pas de simples rêves, mais des réalités que vous pouvez créer, si vous le désirez de tout votre cœur.

Avec tout mon respect et mon amour,

Oranos-Ra
Membre du Grand Conseil de la Régence Lémurienne

La spiritualité des origines dans la Nouvelle Lémurie par Laan'Dara

Nous croyons en une source divine unique, éternelle et intemporelle, qui est la Lumière parfaite et immuable, à l'origine de toute vie. Nous lui sommes reconnaissants et lui rendons grâce chaque jour. Nous lui exprimons cette reconnaissance par des chants de gratitude, remerciant pour l'abondance qui nous est donnée et pour sa guidance constante.

La Source Divine est pour nous la pure expression de l'Amour, de la Lumière et de l'Harmonie. Elle est sans égale, et toute existence est une manifestation de cette perfection.

Contrairement à certaines conceptions spirituelles de la surface, nous ne croyons pas que la lumière et l'obscurité soient complémentaires. Nous voyons l'obscurité comme une distorsion temporaire, un voile qui recouvre la Lumière. Notre mission, ici comme partout, est de dissiper cette ombre en la transcendant, en ramenant toute chose à sa pure origine lumineuse. Nous croyons que la Lumière doit être victorieuse, non par la force ou par la lutte, mais par l'élévation et la compréhension. L'obscurité n'a pas d'essence propre, elle est simplement l'absence de Lumière. Lorsque la Lumière de la Source Divine pénètre dans les zones les plus obscures, elles s'illuminent à leur tour, révélant leur vraie nature.

Chaque jour, nous travaillons à harmoniser notre être avec cette Lumière parfaite. Dès l'aube, au sein de nos temples, nous nous connectons à la Source Divine, que vous appelez Dieu dans le monde de la surface, à travers la méditation et la prière. Nous pratiquons également des chants vibratoires, conçus pour élever notre fréquence et celle de notre environnement, afin de renforcer ce lien sacré avec la Lumière. L'un des moments les plus solennels est notre prière collective aux Jardins Suspendus de Vélishara, où le Grand Arbre de Lumière, symbole vivant de

notre lien avec la Source Divine, rayonne l'essence pure de la Lumière. Ici, nous nous réunissons en cercle pour recevoir ses bénédictions, et offrir notre gratitude pour la vie et pour la sagesse qu'elle nous accorde.
Nous croyons que chaque être est venu ici, sur ce plan d'existence, pour accomplir une mission unique. Contrairement à la croyance en la réincarnation, nous savons qu'il n'y a qu'une seule vie, une seule opportunité pour aligner notre âme avec les lois originelles de la Source Divine. Chaque instant de cette vie est sacré, chaque pensée et chaque action sont des reflets de notre engagement à vivre selon les principes de la Lumière. Nous ne nous laissons pas distraire par les illusions du monde, car nous savons que notre véritable but est de revenir à cette Source Divine lumineuse d'où nous sommes issus.
Notre spiritualité est profondément ancrée dans la conscience de cette unicité. La régénération spirituelle est, pour nous, un retour constant à cet état de pureté, une reconnexion consciente avec la Lumière originelle. Nous vivons dans l'alignement avec les lois de l'Amour divin, en œuvrant chaque jour à transcender nos propres ombres et à les remplacer par la Lumière. C'est cette quête constante de perfection qui nous permet de rester en harmonie avec la Source Divine et de préserver l'essence sacrée de notre civilisation.
La Source Divine est pour nous l'essence de toute création, le lien sacré qui unit chaque être vivant dans une harmonie parfaite. Nous percevons sa force non seulement à travers la nature, mais aussi dans les vibrations de la terre, de l'eau et des cristaux, qui sont les intermédiaires sacrés entre le monde visible et l'invisible. Nous ne les divinisons pas pour autant, car nous reconnaissons qu'ils sont des créations de la Source Divine comme chacun de nous.
La régénération spirituelle est une pratique fondamentale chez nous. Elle s'incarne dans nos gestes quotidiens. Nos pensées, nos paroles, nos actions sont des offrandes à la Source Divine.

Nous croyons profondément que nos intentions, aussi infimes soient-elles, peuvent influencer les mondes qui nous entourent et ceux qui nous habitent. C'est pourquoi nous vivons dans une conscience permanente de notre connexion aux énergies originelles. Notre spiritualité est vécue au quotidien, intégrée dans chaque aspect de notre existence, des simples tâches quotidiennes aux cérémonies sacrées.

Dans nos Temples sacrés, chaque édifice abrite un foyer sacré que nous appelons la Flamme de Lumière de Vie. Cette Flamme est une manifestation directe de la Source Divine, un lien tangible entre notre monde et celui de la Lumière éternelle. Ces flammes sont éternelles, elles brûlent sans jamais s'éteindre, portées par la pure énergie de la Source Divine elle-même. Elles représentent non seulement la vitalité de notre peuple, mais également l'union de notre civilisation avec les lois universelles de la Création.

La Flamme de Lumière de Vie réside en le cœur de chacun de nos Temples, au centre d'une structure géométrique sacrée. Cette flamme émane une énergie bienfaitrice, qui nourrit à la fois nos corps et nos esprits. Elle est une source constante de guérison et de régénération. Nous nous rendons régulièrement dans ces Temples pour méditer devant la Flamme, pour y déposer nos intentions ou simplement pour nous ressourcer en absorbant l'énergie lumineuse qu'elle diffuse.

Chaque Flamme de Lumière de Vie a des propriétés uniques, adaptées aux fonctions spécifiques du Temple où elle se trouve. Par exemple, dans le Grand Temple de la Guérison de Mu, la Flamme rayonne une lumière dorée, imprégnée des énergies curatives pures et parfaites de la Source Divine. Ceux qui souffrent de maux physiques ou spirituels viennent s'y régénérer, et ressentent immédiatement l'apaisement et la guérison intérieure. Ce temple est un lieu de sérénité absolue, où la souffrance semble se dissoudre dans les courants lumineux qui parcourent l'espace.

Dans le Dôme de la Résurgence Cristalline, la Flamme de Lumière de Vie vibre d'une lumière cristalline et bleutée. Elle est la gardienne de la mémoire ancestrale et originelle de notre civilisation. Les cristaux anciens qui y sont conservés sont en perpétuel dialogue avec cette Flamme de Lumière de Vie, puisant dans son rayonnement pour préserver les connaissances les plus profondes de notre histoire. Ceux qui souhaitent consulter ces archives cristallines doivent d'abord s'harmoniser avec la Flamme afin de recevoir les informations qu'ils recherchent.

La Flamme de Lumière de Vie est également un symbole de la pureté de l'âme lémurienne. Nous la considérons comme une métaphore vivante de la Lumière originelle présente en chacun de nous. En méditant devant elle, nous cherchons à éveiller cette même flamme au plus profond de nos cœurs. Nous croyons que cette Lumière intérieure, une fois pleinement éveillée, guide chaque être vers son plein potentiel spirituel. C'est pourquoi chacun de nous, dès le plus jeune âge, est encouragé à entretenir cette connexion sacrée avec la Flamme. Elle nous rappelle que, bien qu'habitants d'un monde souterrain, nous sommes en réalité des enfants de la Lumière.

Ces Temples sont des lieux de rassemblement et de communion. Lorsque nous célébrons nos fêtes sacrées, nous nous rassemblons autour des Flammes pour chanter, prier et méditer. Nous y invoquons la force de la Source Divine pour nous guider et pour nous protéger, pour éclairer nos chemins de vie et pour renforcer nos liens avec elle. Ces rituels nous permettent de rester en parfaite harmonie avec les lois universelles, et de préserver notre cité comme un lieu de paix, de sagesse et de Lumière éternelle.

La présence des Flammes de Lumière de Vie est la preuve vivante que la Source Divine n'est jamais éloignée. Elle réside au cœur même de nos vies, et c'est en nous tournant vers ces flammes, en nous alignant avec leur rayonnement, que nous nous rappelons chaque jour que notre existence n'est que l'expression de cette Lumière parfaite. Ces Flammes sont le cœur battant de la Nouvelle Lémurie, elles sont la raison de notre longévité, de notre sagesse et de notre équilibre.

Outre le Grand Temple de la Guérison et le Dôme de la Résurgence Cristalline, il existe d'autres sanctuaires sacrés, chacun abritant une Flamme de Lumière de Vie unique dans son essence et ses propriétés. Deux autres Temples en particulier sont essentiels à notre équilibre spirituel et à la préservation des principes fondamentaux de notre civilisation.

Le premier est le **Temple de l'Alchimie Divine**, un lieu empli d'une énergie puissante et transformatrice. En son cœur brûle la *Flamme de Vie Violette Dorée*, symbole de transmutation et de purification. Cette flamme, d'une profondeur insondable et d'une intensité vibrante, possède la capacité de transformer toute énergie discordante en pure lumière. Elle incarne le pouvoir de l'alchimie divine, le processus par lequel tout ce qui est en dissonance avec les lois universelles est transmuté et ramené à l'harmonie. La Flamme de Vie Violette Dorée est le pilier de notre équilibre intérieur et extérieur, nous rappelant que la guérison véritable passe par la transformation de nos énergies erronées en lumière divine.

Ce temple est fréquenté par ceux qui cherchent à se libérer des poids émotionnels et mentaux, ou des énergies négatives qui peuvent parfois s'accumuler au fil des actions. La Flamme de Vie Violette Dorée agit tel un puissant feu alchimique, brûlant en douceur mais avec une efficacité inébranlable toute forme d'obscurité résiduelle. Ce lieu est aussi un sanctuaire pour les alchimistes et les guérisseurs qui travaillent avec cette énergie de transmutation, cherchant à harmoniser l'ensemble de notre cité avec les lois de la Source Divine. Les chants sacrés résonnent dans ce temple, entonnés pour appeler la Flamme de

Vie à purifier les âmes et les esprits, pour restaurer l'équilibre là où il aurait pu être perturbé. Chacun de nous y passe au moins une fois dans sa vie pour un rituel personnel de transformation profonde, un rite de passage vers une plus grande pureté de l'âme.

Le second temple est le **Temple de l'Harmonie Originelle**, qui est dédié à l'éveil et à la préservation des qualités originelles de notre peuple. Ici brûle la *Flamme de Vie Rose Irisée*, symbole de l'amour divin, de l'harmonie et de la perfection originelle. Sa lumière douce et réconfortante rayonne dans tout le temple, imprégnant l'air d'une énergie pure d'harmonie, de paix et d'unité. La Flamme de Vie Rose Irisée est porteuse des qualités fondamentales du peuple lémurien : l'amour inconditionnel, la compassion, la coopération et la sagesse partagée.

Nous nous rendons dans ce temple pour nous recentrer sur nos valeurs profondes et pour aligner notre cœur avec les hautes vibrations de la Source Divine. C'est un lieu d'introspection, mais aussi de communion avec l'héritage spirituel de notre peuple. Chaque note, chaque couleur qui émane de la Flamme de Vie Rose Irisée est un rappel vibrant de notre nature divine, de notre origine et de notre mission en tant que gardiens de la Lumière. C'est ici que nous venons honorer l'essence même de la Lémurie, non seulement en tant que civilisation, mais en tant qu'âme collective.

Les méditations effectuées devant la Flamme de Vie Rose Irisée éveillent en chacun des souvenirs de notre connexion intime avec la Source Divine. Elle ravive les mémoires des âges d'or de la surface, lorsque la civilisation de la Lémurie régnait en tant que royaume de paix et de prospérité, en parfaite harmonie avec les forces naturelles de la Terre et des étoiles. Ce temple est un lieu de résonance où les esprits peuvent s'accorder avec la perfection divine, un havre de pureté et de douceur. À travers les générations, ce temple a permis de préserver l'unité du peuple lémurien, renforçant sans cesse les liens entre chacun de nous, et

nous rappelant que notre rôle est de servir la Lumière et de guider la surface vers cette même harmonie.
Ces deux Temples, avec leurs Flammes de Vie respectives, incarnent les principes fondateurs de notre civilisation. Le Temple de l'Alchimie Divine, avec sa Flamme de Vie Violette Dorée, nous montre le chemin de la transformation et de la purification, tandis que le Temple de l'Harmonie Originelle, avec sa Flamme de Vie Rose Irisée, nous rappelle l'amour parfait, la coopération et la sagesse qui ont toujours défini notre peuple. Ces sanctuaires spirituels sont des points d'ancrage pour notre cité et des portails vers la Source Divine. Chacun de nous y trouve la lumière nécessaire pour éclairer son chemin et nourrir son âme.

La monnaie lémurienne et le système d'échange par Nirael

Dans la Nouvelle Lémurie, la notion de monnaie telle que vous la concevez n'existe pas. Au lieu de cela, nous utilisons une forme d'énergie appelée *Lumios*. Cette énergie, subtile et immatérielle, est générée par les actions positives, les contributions à la communauté et le développement personnel. Chaque citoyen de la Nouvelle Lémurie dispose d'un cristal personnel, appelé *Lumière de Vie*, qui capte et stocke les Lumios accumulés.

Le système est simple : chaque fois qu'un individu effectue un acte de service, qu'il participe à la création de quelque chose de bénéfique pour la communauté, ou qu'il atteint un certain niveau de maîtrise dans un domaine de connaissance ou de compétence, il génère des Lumios. Ces Lumios peuvent ensuite être échangés pour obtenir des biens, des services, ou pour accéder à certaines ressources spécifiques dans la cité.

Les Lumios ne sont pas une monnaie au sens où vous l'entendez, car ils ne sont pas transférables d'une personne à une autre. Ils sont liés à l'individu, à son énergie et à son cheminement. Ce système encourage l'entraide, l'harmonie et le développement personnel, car l'accumulation de Lumios dépend de l'impact positif qu'une personne a sur son environnement et sa communauté.

Ainsi, chaque strate de notre cité reflète cette harmonie et cet équilibre. Dans la première strate, les temples et les lieux de sagesse abritent les activités les plus spirituelles, où l'accumulation de Lumios est souvent liée à la méditation, à l'enseignement, et à l'accompagnement des autres dans leur quête intérieure. La seconde strate, avec ses habitations et ses lieux d'éducation, est un espace où l'échange de Lumios est centré sur le partage des connaissances, l'apprentissage et la vie quotidienne en communauté. Enfin, la troisième strate, dédiée à la nature et à la préservation des animaux, est un lieu où les Lumios sont générés par les soins apportés aux êtres vivants et par les efforts pour maintenir l'harmonie entre toutes les formes de vie.

Ce système d'échange basé sur les Lumios reflète notre conviction que la vraie richesse réside dans le bien-être collectif, l'épanouissement individuel et l'harmonie avec la nature.

Le système des Lumios n’est pas simplement une monnaie d'échange. C'est une expression de notre connexion collective et de la compréhension subtile que chaque acte de partage, de don ou d'échange génère une énergie qui circule au sein de notre civilisation. En tant que membres du Grand Conseil de la Régence Lémurienne, il est de notre devoir de veiller à ce que cet équilibre énergétique soit toujours respecté et maintenu.

L'énergie des Lumios ne repose pas sur une notion d’accumulation ou de possession, comme on pourrait le voir dans certaines civilisations de la surface. Chaque Lumio émis est une forme de gratitude, une reconnaissance d'une contribution ou d'un service rendu pour le bien commun. Que ce soit pour des denrées, des connaissances partagées, des soins ou une aide matérielle, le Lumio matérialise la reconnaissance de cet échange.

Notre économie fonctionne ainsi de manière fluide, sans entrave. Il n’existe pas de notion de profit au sens où les êtres de la surface l'entendent. Au contraire, l'accumulation de Lumios au-delà de ses besoins immédiats n’est pas recherchée, car chacun comprend que la prospérité individuelle découle de la prospérité collective. Les Lumios sont en quelque sorte des *porteurs d'intention*. Plus la pureté de l'intention est élevée dans un échange, plus l'énergie du Lumio est intense et porteuse de bienfaits pour celui qui l'offre et celui qui le reçoit.

Au sein de la Nouvelle Lémurie, le système est entièrement transparent. Il n'y a pas de secrets concernant les échanges et les circulations d'énergie. Nous avons des *conseillers énergétiques* qui veillent à ce que les flux de Lumios suivent les lois de la nature et de l'harmonie. Ils s'assurent que les échanges restent équilibrés et que personne ne soit en situation de pénurie ou d'excès. En vérité, il est rare qu'une telle situation se produise, car chacun vit dans l'abondance, non seulement matérielle, mais aussi spirituelle.

Cette forme d'échange est également très liée à la conscience que nous avons du *don de soi*. Ici, le service aux autres n'est pas vu comme une obligation ou une charge, mais comme un acte de joie et d'harmonie avec le grand Tout. Nous ne ressentons pas de compétition ou de besoin d'être supérieur à notre voisin. Chaque individu contribue de manière unique et irremplaçable à l'équilibre global de notre cité. C'est pourquoi, bien souvent, les Lumios sont utilisés sans même que nous ayons à les mesurer. L'équité est inscrite dans nos cœurs et la réciprocité dans nos âmes. Chacun sait exactement ce dont il a besoin et chaque besoin est comblé par les échanges de cette énergie lumineuse.

Il est aussi important de noter que les Lumios sont inextricablement liés à notre connexion à la Terre elle-même. Chaque Lumio est en résonance avec les énergies cristallines qui parcourent notre cité. Lorsque nous recevons ou donnons un Lumio, nous participons à un échange énergétique qui alimente non seulement notre société, mais aussi la planète elle-même. Les cristaux qui imprègnent la Nouvelle Lémurie, et d'autres villes semblables, captent ces flux d'énergie et les transforment en lumière pure qui circule dans tout le réseau cristallin souterrain. Cela aide à maintenir l'harmonie vibratoire non seulement dans notre cité, mais aussi dans toute la matrice terrestre.

Ainsi, nous comprenons que chaque action a une répercussion sur l'ensemble. Chaque Lumio est comme un petit soleil qui éclaire notre chemin commun, une parcelle de lumière que nous partageons pour faire prospérer notre peuple tout en veillant à ne jamais troubler l'équilibre des lois universelles. Dans chaque échange, nous sommes conscients d'appartenir à un tout bien plus grand que nous-mêmes. Les Lumios, en tant qu'énergie circulante, sont donc les fils lumineux qui relient nos cœurs et nos esprits à la Source Divine d'où émanent toutes choses.

La population de la Nouvelle Lémurie et la continuation de la vie par Sha'an

La population actuelle de la Nouvelle Lémurie se compose d'un peu plus d'un million d'habitants, tous vivant en harmonie au sein de notre cité souterraine. Notre population est un mélange d'Anciens, qui ont survécu à la chute de la Lémurie il y a plus de 15 000 ans, et de nouvelles générations nées depuis que la cité s'est installée dans l'intraterre.
Parmi cette population, on trouve un nombre restreint d'Anciens, qui ont vécu à la surface avant la destruction de notre continent. Leur âge dépasse souvent les 20 000 ans et ils ont vécu la transition vers la vie souterraine après le cataclysme qui a englouti la Lémurie. Ils sont les porteurs de la mémoire collective, les témoins directs des événements tragiques qui ont marqué l'histoire de notre peuple. Ils ont conservé une forme de vie presque intemporelle.

Les naissances et la continuation de la vie :
La majorité des habitants de la Nouvelle Lémurie sont nés après la migration souterraine. Le peuple lémurien continue de croître grâce à des naissances régulières, bien que le taux de natalité soit relativement bas par rapport aux sociétés humaines de la surface. Chaque naissance est célébrée comme un événement sacré, car les âmes qui choisissent de s'incarner au sein de la cité sont perçues comme des âmes très anciennes et éclairées, prêtes à poursuivre l'évolution collective de la civilisation lémurienne.
Notre système de procréation et de naissance est également particulier. La conception est un acte de fusion spirituelle profonde, dans laquelle les parents sont en parfaite harmonie avec la Source Divine et avec les énergies de la Terre. Avant qu'un enfant ne soit conçu, nous méditons intensément sur l'âme

qui choisira de s'incarner. Chaque enfant est donc perçu comme un être d'une grande importance, porteur d'une mission unique au sein de la communauté.

Les jeunes reçoivent dès leur plus jeune âge une éducation imprégnée des valeurs de paix, de respect de la vie et de connexion profonde avec la nature et l'énergie cristalline de la planète. Ils apprennent non seulement à maîtriser les savoirs techniques et scientifiques, mais aussi à approfondir leur spiritualité, leur lien avec la Source Divine et leur rôle dans la préservation des connaissances originelles.

<u>La structure de la population :</u>

Notre population est donc divisée en trois groupes distincts :

Les Anciens, ceux qui ont survécu à la chute de la Lémurie et ont participé à la fondation des cités souterraines. Ils sont les gardiens des anciens savoirs et des traditions.

Les Gardiens de la Renaissance, une génération intermédiaire, née dans les premières années suivant le cataclysme, et qui a contribué à la construction et au développement de la Nouvelle Lémurie. Ils ont plusieurs milliers d'années et forment une grande partie des sages et des dirigeants.

Les Nouveaux-Nés de la Terre Intérieure, la majorité de la population actuelle. Ils sont nés après l'installation de la civilisation sous la surface de la Terre et représentent l'avenir de la Lémurie. Ils sont ceux qui font évoluer la cité tout en respectant l'héritage de leurs ancêtres.

<u>La croissance populationnelle :</u>

Malgré les millénaires écoulés, la croissance démographique de la Nouvelle Lémurie a été lente et contrôlée, reflétant une profonde harmonie entre la population et son environnement. La cité elle-même est construite de manière à pouvoir accueillir ce million d'habitants tout en garantissant à chacun un espace de vie spacieux et agréable. Chaque nouvel habitant est accueilli

avec joie, mais la population ne croît pas au point de menacer l'équilibre de la cité ou de ses ressources.
Ce contrôle de la population découle d'une compréhension instinctive de l'harmonie nécessaire pour maintenir l'équilibre énergétique, écologique et spirituel au sein de la cité. Les naissances sont donc rares et précieuses, mais elles assurent la continuité d'une civilisation éternellement jeune dans son cœur, tout en étant soutenue par la sagesse de ses Anciens.

La Nouvelle Lémurie est ainsi peuplée d'âmes éclairées, qu'elles soient millénaires ou jeunes, toutes unies dans la poursuite de la lumière et de l'harmonie avec la Source Divine. Notre société est en perpétuelle évolution, une évolution où la spiritualité et l'harmonie sociale forment la base de notre survie et de notre épanouissement, où chaque habitant, qu'il soit ancien ou nouveau-né, joue un rôle essentiel dans la préservation et l'élévation de notre civilisation.

Ceux que nous appelons simplement *Les Anciens* et qui ont vu naître la grande cité de la Nouvelle Lémurie après la destruction de notre civilisation à la surface sont peu nombreux, mais leur sagesse est infinie. La plupart d'entre eux ont vécu sur la Lémurie originelle, avant que les eaux ne recouvrent notre civilisation. Ayant survécu au cataclysme qui a englouti notre terre il y a plus de quinze mille ans, ils ont trouvé refuge dans les profondeurs de la Terre, où nous avons recréé ce havre de paix et de lumière. Certains d'entre eux, comme moi-même, ont atteint un âge de plus de vingt-cinq mille ans.
Notre longévité exceptionnelle découle d'une harmonie parfaite entre notre esprit, notre corps et les énergies divines qui circulent en nous. Grâce à notre maîtrise des arts alchimiques et des sciences originelles sacrées, nous avons su prolonger notre existence bien au-delà des limites que l'on connaissait autrefois à la surface. Les Anciens détiennent la mémoire vivante de notre

peuple. Ils sont les gardiens de la sagesse ancienne, des connaissances originelles et des vérités immémoriales de notre civilisation.
Ce sont eux qui ont bâti les premiers édifices de notre cité souterraine, établi les fondements de notre société actuelle, et conservé les préceptes de la Lumière divine au cœur même de notre existence. Ils veillent avec amour et attention sur chaque génération, transmettant leur savoir aux plus jeunes, afin que notre culture demeure intacte au fil du temps.
Les Anciens sont peu nombreux aujourd'hui, car tout le monde n'aspire pas à vivre aussi longtemps. Certains choisissent de se retirer dans la Lumière éternelle après plusieurs milliers d'années de service à la communauté, mais ceux qui restent incarnent la sagesse et la force de notre peuple. Leur présence est un phare pour nous tous, un lien direct avec nos origines et une source d'inspiration constante pour l'avenir.

Après les Anciens, viennent *Les Gardiens de la Sagesse*. Ce groupe est constitué essentiellement d'êtres qui, tout en n'ayant pas connu la surface de la Lémurie originelle, sont nés peu de temps après notre installation dans la Nouvelle Lémurie. Les Gardiens sont des figures centrales de notre société, car ils assurent la transmission des enseignements divins et des connaissances les plus sacrées à chaque génération. Ils ont acquis, au fil des millénaires, une maîtrise profonde des énergies spirituelles et alchimiques qui régissent notre civilisation.
Les Gardiens de la Sagesse sont les enseignants de nos jeunes et les protecteurs de nos arts sacrés. Ils veillent sur les grands Temples et les Flammes de Lumière de Vie qui y brûlent perpétuellement. Leur rôle n'est pas simplement de protéger ce savoir, mais aussi d'aider chaque habitant à s'éveiller pleinement à sa nature divine. Ils facilitent les méditations collectives, les cérémonies sacrées, et guident ceux qui souhaitent approfondir leur lien avec la Source Divine.

Chaque Gardien est appelé à cette fonction par la pureté de son cœur et de son esprit. Il n'est pas rare qu'un habitant sente cet appel dès son plus jeune âge, et qu'il soit formé pendant des siècles pour devenir à son tour un Gardien. Leur rôle est crucial dans le maintien de l'harmonie et de l'équilibre de notre société, et leur influence s'étend bien au-delà de la ville. Certains d'entre eux établissent des connexions spirituelles avec d'autres cités souterraines.

Parmi nos habitants, il existe une grande diversité d'êtres aux talents variés, et l'une des plus grandes forces de notre peuple réside dans la créativité et l'artisanat. *Les Artisans et Créateurs* forment le cœur vibrant de la vie quotidienne dans la Nouvelle Lémurie. Ils sont ceux qui façonnent notre environnement, non seulement en construisant nos édifices et en entretenant notre technologie sacrée, mais aussi en exprimant l'essence même de notre civilisation à travers l'art.

L'art lémurien est bien plus qu'une simple forme d'expression. Chaque création, qu'il s'agisse de sculptures, de vêtements, ou d'objets du quotidien, est imprégnée d'énergie divine. Nos Artisans créent avec une conscience aiguë du sacré, en intégrant des codes lumineux et des symboles de géométrie sacrée des origines dans chaque œuvre. Rien n'est laissé au hasard. Tout est conçu pour élever les vibrations de ceux qui interagissent avec ces créations.

Les Créateurs de Lumière, un sous-groupe d'Artisans, travaillent avec des cristaux et des énergies subtiles pour modeler la lumière elle-même, créant des structures d'une beauté et d'une harmonie indescriptibles. Ils jouent un rôle central dans le maintien des édifices cristallins de la ville, et dans la préservation des réseaux d'énergie qui nourrissent notre civilisation.

Au fil du temps, les Artisans et Créateurs ont été les architectes de l'évolution culturelle et spirituelle de notre peuple. Chaque

innovation, chaque avancée technologique, est ancrée dans cette tradition de créer en harmonie avec la Source Divine.
La transmission du savoir et l'épanouissement spirituel sont au cœur de notre société, et ce sont *les Éducateurs et Guides Spirituels* qui en assurent la responsabilité. Ils ne se contentent pas de transmettre des connaissances académiques ou techniques, ils sont les gardiens de l'évolution intérieure de chaque habitant, depuis la plus tendre enfance jusqu'à l'âge adulte.
Les Éducateurs enseignent non seulement les lois de l'univers et les principes de la vie en communauté, mais aussi les lois divines et originelles qui régissent toute existence. Dès leur plus jeune âge, les enfants de la Nouvelle Lémurie sont initiés à la compréhension des énergies subtiles, à la méditation, et à la connexion avec la Source Divine. L'apprentissage n'est jamais forcé, mais toujours offert dans un cadre bienveillant et respectueux du rythme de chacun.
Les Guides Spirituels, quant à eux, sont des accompagnateurs sur le chemin de la réalisation de soi. Ils sont ceux vers qui chacun peut se tourner pour obtenir des conseils, pour trouver des réponses à des questionnements intérieurs, ou pour surmonter des épreuves spirituelles. Leur rôle est aussi essentiel que celui des Éducateurs, car ils aident à maintenir l'équilibre intérieur de notre communauté et à renforcer la conscience de l'unité avec la Source Divine.
À chaque stade de la vie, les Éducateurs et Guides Spirituels encouragent les habitants à cultiver leur propre lumière intérieure, à transcender les énergies discordantes et à s'aligner avec la Lumière éternelle de la Source Divine. Ils sont les piliers de notre société, garantissant que chaque âme demeure sur son chemin de lumière.

La troisième strate, Azuraen, est dédiée à la nature et à la préservation des formes de vie qui coexistent avec nous. Ici, dans cet environnement luxuriant, *les Protecteurs de la Nature et Gardiens des Éléments* veillent sur chaque aspect de la biodiversité. Ce groupe est constitué d'êtres qui possèdent une connexion profonde avec les forces élémentaires et la vie végétale, animale et minérale de notre monde.

Les Protecteurs de la Nature sont les gardiens des espèces anciennes qui subsistent encore dans la Nouvelle Lémurie, dont certaines n'existent plus à la surface depuis des millénaires. Ils veillent à ce que ces créatures vivent en harmonie avec leur environnement et qu'elles participent à l'équilibre des énergies. Ces êtres ne sont pas simplement des gardiens physiques, ils communiquent également avec les âmes de ces formes de vie en les aidant à évoluer en harmonie avec l'ensemble de la communauté.

Les Gardiens des Éléments, quant à eux, travaillent en étroite collaboration avec les forces élémentaires – la terre, l'eau, l'air, et le feu – pour maintenir l'équilibre énergétique de la cité et des territoires environnants. Ils ont une compréhension innée des courants énergétiques qui traversent notre monde et ils s'assurent que ces énergies circulent de manière fluide et équilibrée. Leur rôle est crucial, car ils sont les médiateurs entre notre civilisation et les forces invisibles qui sous-tendent l'existence matérielle.

Les Protecteurs et Gardiens sont des êtres dévoués qui œuvrent sans relâche pour préserver la beauté naturelle de notre cité et pour s'assurer que l'harmonie règne entre toutes les formes de vie. Leurs efforts assurent non seulement la continuité de la vie dans la Nouvelle Lémurie, mais aussi l'éveil des consciences à l'importance de la symbiose entre l'être humain et son environnement.

Les Artisans de Lumière et Architectes de l'Harmonie sont les créateurs de la beauté tangible et énergétique de notre cité. Ils sont les maîtres bâtisseurs et les artisans qui façonnent les structures de la Nouvelle Lémurie, utilisant des matériaux cristallins, des énergies subtiles et une technologie avancée pour

ériger des édifices en parfaite symbiose avec les flux énergétiques naturels de notre monde.
Ils possèdent une compréhension intuitive des lois de la géométrie sacrée des origines, des fréquences vibratoires et des courants telluriques. Lorsqu'ils conçoivent un bâtiment ou une structure, ils prennent en compte bien plus que l'aspect physique, ils considèrent l'impact énergétique et spirituel de chaque forme sur les habitants et l'environnement. Leur travail est à la fois fonctionnel et sacré.
Les Architectes de l'Harmonie dessinent les plans de nos dômes, de nos temples et de nos habitations en intégrant les principes de la lumière divine et de l'équilibre cosmique originel. Chacun de leurs ouvrages est un miroir des lois universelles, des formes géométriques parfaites reflétant l'harmonie inhérente à la Source Divine. Ces structures sont aussi conçues pour amplifier et harmoniser les énergies de ceux qui les habitent ou les visitent, créant des espaces de paix, de guérison et d'épanouissement spirituel.
Quant aux Artisans de Lumière, ils travaillent de concert avec les cristaux et d'autres matériaux vivants pour façonner des œuvres d'art vibratoires qui ornent nos cités. Chaque cristal, chaque sculpture, chaque objet de leur création émet une fréquence spécifique, destinée à élever les consciences et à éveiller les cœurs à la lumière de la Source Divine. Les Artisans de Lumière sont aussi les gardiens des traditions artistiques ancestrales de Mu, qu'ils préservent et font évoluer à travers les âges. Leur mission est de maintenir la beauté et l'harmonie dans tout ce que nous faisons.
La grande cité de la Nouvelle Lémurie a toujours été un sanctuaire de guérison et de transformation intérieure. À ce titre, *les Guérisseurs et Alchimistes de l'Âme* jouent un rôle essentiel dans notre communauté. Ils sont les gardiens de la santé physique, émotionnelle, mentale et spirituelle de nos habitants,

utilisant des méthodes anciennes et des technologies avancées pour restaurer l'équilibre et le bien-être.

Les Guérisseurs travaillent en harmonie avec les énergies cristallines, les vibrations sonores et les ondes de lumière pour soigner les maux du corps et de l'esprit. Ils sont formés à lire les champs énergétiques et à détecter les dissonances qui pourraient perturber la santé globale. Lorsqu'une personne nécessite des soins, les Guérisseurs emploient des cristaux spécifiques, des plantes médicinales et des fréquences vibratoires afin de réaligner les énergies perturbées et de faciliter la guérison naturelle.

Les Alchimistes de l'Âme, quant à eux, sont spécialisés dans les transformations profondes de l'être. Leur art ne concerne pas seulement la guérison des maladies physiques, mais l'alchimie intérieure qui permet de transcender les limitations de l'âme et d'accéder à un niveau supérieur de conscience. Ils guident les âmes à travers des processus de transmutation, aidant chaque individu à libérer les anciennes énergies stagnantes ou discordantes et à s'ouvrir pleinement à la lumière divine. Ils travaillent dans les Temples de la Guérison, où chaque espace est conçu pour élever les âmes et activer la transformation intérieure.

Les Guérisseurs et Alchimistes de l'Âme sont unis par une même mission : servir la Lumière et soutenir chacun sur son chemin de retour à l'harmonie, à la paix intérieure et à la pleine réalisation de son potentiel divin.

En tant qu'Ancien, mon rôle au sein de la Nouvelle Lémurie dépasse celui de simple guide ou conseiller. Je suis l'un des Gardiens des Savoirs Ancestraux, chargé de préserver et de transmettre les connaissances primordiales qui remontent à l'époque de Mu, avant que notre terre ne soit engloutie sous les eaux. Notre sagesse a été maintenue intacte au fil des âges, et nous veillons à la faire perdurer pour que les générations futures puissent s'en nourrir et s'éveiller à leur pleine divinité.

Mon devoir principal est d'assurer la continuité de la mémoire collective de notre peuple, de protéger les récits anciens, les lois originelles spirituelles et les enseignements sacrés. Je suis le dépositaire de cette connaissance, mais aussi son interprète pour ceux qui cherchent à comprendre les vérités profondes de l'univers. Ces vérités sont plus que des idées abstraites, elles sont vivantes en nous, dans chaque cristal, dans chaque structure de notre cité. Elles font partie de la trame même de notre existence.

Je supervise également les rites initiatiques qui permettent à nos jeunes de devenir pleinement conscients de leur rôle au sein de la communauté. Ces rites sont des passages sacrés au cours desquels les jeunes sont confrontés à leurs propres ombres et à leurs propres limites pour les transcender. Ils apprennent à harmoniser leur être avec les lois universelles originelles et à servir la Lumière en toute conscience.

Mais plus que tout, ma mission est d'établir un pont entre notre civilisation et celle de la surface, lorsque le moment sera venu de partager à plus grande échelle nos savoirs et notre vision.

Mon devoir est d'écouter la volonté de la Source Divine, de guider les âmes dans leur évolution et de protéger les équilibres sacrés de notre monde. Je suis également un conseiller au sein du Grand Conseil de la Régence Lémurienne, où ma voix porte le poids de siècles d'expérience et de sagesse. Ensemble, nous veillons à ce que notre civilisation reste alignée avec les principes de la Lumière et à ce que notre mission spirituelle soit respectée en toutes circonstances.

Ce rôle de Gardien est à la fois une responsabilité et une bénédiction. Il m'a permis de traverser les âges, de voir notre peuple évoluer, s'adapter et s'épanouir. Bien que nous vivions dans une réalité différente de celle de la surface, nos chemins ne sont pas séparés. Nous sommes tous liés, et c'est à travers cette connexion que nous pourrons un jour rétablir un équilibre harmonieux entre nos mondes.

Les rites initiatiques et cérémonies à chaque âge de la vie par Sha'an

Ici, dans la grande cité de la Nouvelle Lémurie, chaque étape de la vie est honorée par des rites initiatiques sacrés. Ces rites permettent à chaque être de franchir les seuils spirituels et physiques qui marquent leur évolution, de l'enfance jusqu'à leur pleine maturité et au-delà. À travers ces initiations, chacun est encouragé à explorer les profondeurs de son être, à se confronter à ses ombres pour les transmuter, et à harmoniser son existence avec les lois universelles et la Lumière de la Source Divine.

Le Premier Éveil

Le premier de ces rites survient aux alentours de la neuvième rotation solaire de l'enfant, lorsque l'âme incarnée commence à éveiller consciemment ses perceptions subtiles. Ce rite est appelé le Rite du Premier Éveil. Il se déroule dans l'un des temples situés sur la strate de Velethar, où l'enfant est guidé dans une méditation profonde en présence de la Flamme de Lumière de Vie. Il est entouré de sa famille et de plusieurs Anciens qui, par leurs chants sacrés et mélodies cristallines, créent un espace d'harmonie et de protection.

Ce rite marque la première véritable initiation spirituelle de l'enfant. Il commence à entrer en résonance avec la Lumière divine qui anime tout être vivant. L'enfant est doucement initié à l'existence des énergies subtiles, à la connexion avec les cristaux sacrés et à l'écoute des flux vibratoires de la nature. C'est à ce moment qu'il est introduit à la méditation et aux chants de gratitude envers la Source Divine. Ce rite aide l'enfant à se sentir pleinement intégré dans la communauté et à comprendre son lien avec l'univers.

Le Passage

Aux alentours de leur vingtième rotation solaire, lorsque les jeunes approchent de l'âge de la maturité, ils passent par ce que nous appelons le Rite du Passage. C'est l'une des étapes les plus importantes de leur vie. Ce rite est une confrontation avec leurs propres ombres et défis intérieurs. Ils sont amenés à parcourir un chemin intérieur de purification où ils doivent se confronter à leurs peurs, à leurs limitations, mais aussi à la puissance de la Lumière qui réside en eux.

Le Rite du Passage est symbolisé par un pèlerinage à travers les trois strates de la cité, chacune représentant un aspect différent de leur être : le corps physique, l'esprit et l'âme. Au terme de ce voyage, ils atteignent le Dôme de la Résurgence Cristalline, où ils passent une nuit en silence, en communion avec les cristaux millénaires qui renferment la sagesse de nos ancêtres. Ce moment de solitude est une épreuve sacrée où chaque jeune reçoit un message de la Source Divine. C'est après cette épreuve qu'ils sont reconnus comme étant en pleine harmonie avec eux-mêmes et avec la Lumière.

Le Rite d'Union

À l'âge adulte, certains Lémuriens ressentent l'appel à s'unir à un autre être dans une union sacrée. Le mariage, chez nous, est appelé le Rite d'Union et ne se fait que lorsque les deux êtres sentent en leur cœur que leur mission de vie se rejoint et qu'ensemble, ils peuvent mieux servir la Lumière. Ce rite est célébré sous l'un des dômes cristallins de Velethar, souvent près de la Flamme de Vie Rose Irisée, symbole d'harmonie et de l'amour pur. Pendant ce rite, les futurs partenaires échangent des serments d'union non seulement envers l'un et l'autre, mais également envers la Source Divine.

Le Rite d'Union ne se limite pas à la dimension physique ou émotionnelle de la relation. Il est une célébration de l'alignement de deux âmes qui choisissent de cheminer ensemble, en synergie, afin de créer et de manifester des énergies positives pour la communauté et l'univers tout entier. Lorsque deux âmes s'unissent par le Rite d'Union, leur lien est alors indestructible et la séparation ne peut pas exister. L'union sacrée par le mariage alchimique est éternelle. Il est important de préciser que chez nous, ce rite n'est pas obligatoire. Ceux qui ne ressentent pas cet appel de l'âme poursuivent leur chemin spirituel individuel, en contribuant à leur manière au bien-être collectif.

Le Rite des Sagesses

Enfin, en approchant de leur cinquième siècle, les Lémuriens passent par le Rite des Sagesses, une cérémonie marquant leur transition vers un rôle plus élevé au sein de la communauté. À ce stade de la vie, ils ont accumulé une profonde connaissance et une sagesse que seuls les âges peuvent offrir. Ce rite est célébré dans le Temple de la Flamme Violette Dorée, symbolisant la transmutation et l'alchimie divine.

Le Rite des Sagesses est un moment où l'individu entre dans une phase d'enseignement et de transmission. Les Lémuriens ayant atteint ce niveau de maturité deviennent des guides, des guérisseurs ou des conseillers spirituels. Ils sont appelés à partager leur sagesse avec les plus jeunes et à aider les autres à transcender leurs propres défis. Ce rite marque la reconnaissance de leur service à la communauté et à la Source Divine.

Chacune des initiations de la Nouvelle Lémurie est destinée à manifester une vie alignée avec la Lumière. Ainsi, à chaque étape de la vie, chaque être est guidé et accompagné dans son évolution, afin qu'il puisse pleinement exprimer son essence divine tout en restant en harmonie avec la communauté. Ces rites sont conçus non pour contraindre, mais pour libérer l'âme de toute attache à la matière ou aux illusions de l'égo. Ils permettent à chacun de se rappeler, à chaque âge, que la vie est

un chemin sacré, une offrande à la Lumière divine, et que notre véritable but est de servir la Lumière et de faire rayonner l'amour de la Source Divine sur tout ce qui est.
C'est ainsi que nous, Lémuriens de la Nouvelle Lémurie, honorons le passage du temps et de la vie, tout en restant conscients que la lumière en nous est éternelle.

Soyez comme des enfants !
par Eldarian

Chers frères et sœurs de la surface,

Je m'adresse à vous en tant que frère, en tant qu'ami. Mon nom est Eldarian, et je suis né au cœur de notre grande cité souterraine, la Nouvelle Lémurie, il y a maintenant 322 de vos années terrestres. Bien que mon corps ait vu de nombreuses rotations solaires, mon cœur reste jeune, toujours rempli d'émerveillement, de joie et d'une curiosité intarissable. C'est ce lien avec l'enfance intérieure que je veux partager avec vous aujourd'hui, car en cela réside l'un des plus grands secrets de notre bonheur et de notre harmonie.

Vous, humains de la surface, vivez souvent dans un monde chargé de responsabilités, d'attentes et de pressions extérieures. Ces poids vous éloignent parfois de votre véritable essence, de ce souffle de vie léger et pur qui vous animait lorsque vous étiez enfants. À travers ces mots, je vous invite à retrouver cette part d'enfance qui est en vous, à la libérer, à la laisser s'exprimer au quotidien. En agissant ainsi, vous vous reconnecterez à votre source véritable de joie, de paix et de liberté.

Regardez les enfants. Ils vivent avec légèreté, ne portant pas le poids du passé ni la crainte de l'avenir. Leur présence est entière, pure, immédiate. Leur monde est un lieu de merveilles, où chaque instant est une nouvelle découverte, un nouveau miracle. Ils ne sont pas accablés par la charge mentale qui, en grandissant, semble s'accumuler sur vos épaules. L'âme d'enfant est la clé de la légèreté.

Lorsque vous redevenez comme des enfants, vous apprenez à libérer vos pensées des fardeaux inutiles. Vous retrouvez l'aptitude à rire spontanément, à vous émerveiller devant une fleur qui éclot ou un rayon de soleil qui danse sur l'eau. Cette joie pure et simple allège votre esprit et illumine votre chemin.

Plus vous retrouvez cette légèreté, moins vos soucis vous pèsent, et plus vous vous ouvrez aux énergies bénéfiques de l'univers.
Les enfants voient le monde avec des yeux neufs. Ils sont en perpétuelle découverte, émerveillés par ce que vous, adultes, considérez souvent comme des banalités. Mais il n'y a rien de banal dans la vie ! Chaque instant, chaque événement est porteur d'une magie subtile, d'une beauté cachée que vous pouvez redécouvrir si vous regardez avec les yeux du cœur. La magie de l'émerveillement peut raviver l'étincelle de joie et de pureté en chaque instant.
Prenez un moment pour vous arrêter et contempler ce qui vous entoure. Laissez tomber le voile de la fatigue, des pensées répétitives et du doute. Observez la nature, les étoiles, les gestes des personnes qui vous entourent. Tout est empreint de la magie de la Source Divine, mais vous devez ouvrir votre cœur et vous permettre de la voir. C'est cet émerveillement constant qui nourrit votre âme, qui ravive votre énergie et qui vous reconnecte au flux d'amour inconditionnel qui émane de la Lumière.
Les enfants jouent, ils inventent, ils créent sans se soucier du jugement ou de l'échec. Ils se plongent dans le jeu pour le simple plaisir de l'expérience. Ils ne cherchent pas de validation extérieure, ils sont simplement en train d'exprimer ce qu'ils sont, à cet instant précis. Cette capacité à jouer est essentielle pour maintenir votre connexion avec la Lumière et avec votre propre essence divine. Jouer et créer sont les clés de la joie.
Je vous encourage, chers amis, à réintroduire le jeu dans votre quotidien. Faites preuve de créativité, amusez-vous sans raison apparente, dansez, chantez, dessinez, peu importe votre talent ou votre expérience. En retrouvant cette spontanéité, vous ouvrez des canaux énergétiques de guérison et d'expression qui vous libèrent des tensions accumulées. Vous vous reconnectez à votre enfant intérieur, à cet être en vous qui n'a jamais perdu le contact avec la joie pure. En jouant, vous permettez à votre âme

de s'exprimer et à vos soucis de se dissiper comme des nuages dans le ciel.

Être comme un enfant, c'est aussi cultiver l'innocence du cœur. Je ne parle pas de naïveté, mais de cette pureté d'intention, de cette capacité à aimer sans conditions, à pardonner facilement et à laisser derrière soi les blessures et les conflits. Les enfants ne gardent pas de rancune, ils n'accumulent pas de colère. Ils vivent dans l'instant et passent rapidement des larmes au rire, sans s'attacher aux émotions négatives.

Je vous invite à faire de même. Ne laissez pas les tensions et les douleurs s'enraciner dans votre être. Pardonnez rapidement, aimez généreusement, et revenez toujours à cet état d'innocence et de paix intérieure. Votre cœur est un réceptacle d'amour divin. En le gardant pur et ouvert, vous devenez un canal pour la Lumière, et vous attirez à vous des énergies bienveillantes et positives. Cela vous aide à transformer les défis de la vie en opportunités d'apprentissage et de croissance.

Vivez avec moins de peur et plus de confiance. Les enfants n'ont pas peur de l'inconnu, ils l'accueillent avec curiosité et excitation. Ils avancent avec confiance, sachant que chaque pas les conduit vers une nouvelle aventure. À mesure que vous grandissez, vous perdez souvent cette confiance naturelle, et vous commencez à craindre ce que vous ne pouvez pas contrôler ou comprendre.

Mais sachez ceci : l'univers tout entier est à votre service, pour vous aider à évoluer, à vous élever. Lorsque vous réapprenez à avancer avec la confiance d'un enfant, vous laissez la peur se dissoudre. Vous ne vous inquiétez plus de ce qui pourrait arriver, mais vous embrassez l'inconnu avec foi, sachant que vous êtes guidés et protégés. La Source Divine veille sur vous à chaque instant. La confiance ouvre les portes de la sérénité et vous permet d'avancer avec légèreté et assurance sur votre chemin de vie.

Soyez comme des enfants. En vivant comme des enfants, vous faites le choix de la simplicité, de la légèreté et de l'amour. Vous libérez vos âmes des chaînes du doute, de la peur et des soucis inutiles. Vous vous reconnectez à la joie pure qui est votre droit de naissance. Vous retrouvez ce lien avec la Lumière, qui est à la fois douce et puissante, et qui vous guide à chaque instant.
Alors, chers amis de la surface, laissez s'exprimer cette part d'enfant en vous. Jouez, créez, émerveillez-vous et surtout, aimez sans limite. En agissant ainsi, vous nourrissez votre âme, vous allégez votre cœur et vous vous reconnectez à l'essence véritable de la vie. La Lumière, dans toute sa splendeur, vous attend dans ce chemin de joie et de simplicité.
J'appelle chacun de vous à retrouver sa connexion à l'enfance intérieure, afin de vivre avec plus de joie, d'émerveillement et de paix.
Je suis Eldarian, et je me réjouis de nos retrouvailles qui sont proches.

La connexion à la nature et l'Écologie Spirituelle par Eldarian

Nous, citoyens de la Nouvelle Lémurie, vivons en profonde symbiose avec la nature, car nous savons que toute vie émane de la Source Divine et est intimement liée à l'énergie vitale de la Terre. Notre compréhension de l'écologie va bien au-delà de la préservation physique de l'environnement. Elle est avant tout spirituelle, car chaque élément naturel est porteur d'une conscience vivante, une émanation directe de l'intention créatrice de la Source Divine. La Terre, pour nous, n'est pas une ressource à exploiter mais une entité sacrée, une Mère originelle qui nous nourrit, nous guide et nous protège.

Depuis les débuts de notre civilisation, nous avons appris à respecter et à honorer cet équilibre sacré. Chaque arbre, chaque rivière, chaque pierre est imprégné d'une énergie subtile et vivante qui vibre en harmonie avec le Tout. Dans la Nouvelle Lémurie, nos cités sont conçues de manière à ne faire qu'un avec la nature. Nous ne façonnons pas notre environnement, nous l'accompagnons. Nos jardins suspendus, nos cours d'eau et nos forêts souterraines ne sont pas uniquement des décorations ou des lieux de passage, ils sont des sanctuaires vivants où nous communions avec l'énergie de la vie.

Nous avons appris que pour vivre en harmonie avec la Terre, nous devons avant tout écouter ses rythmes. Nos ancêtres de la surface connaissaient les secrets des cycles naturels – les marées, les phases lunaires, les migrations des oiseaux, la danse des vents – et ces savoirs ont été préservés et continuent d'inspirer notre vie quotidienne. Nous observons les lois de la nature non comme des contraintes mais comme des enseignements divins.

Cette relation sacrée que nous entretenons avec la nature se reflète dans notre façon de vivre. Nous n'avons pas besoin d’exploiter les ressources de notre environnement de manière excessive, car nous avons appris à utiliser l'énergie qui circule dans toute chose vivante. Les cristaux, par exemple, sont des transmetteurs naturels de l'énergie de la Terre. En les utilisant, nous parvenons à capter et à redistribuer cette énergie pour alimenter nos cités et nos temples sans avoir à épuiser la planète. Notre responsabilité est également de protéger et de maintenir l'équilibre des écosystèmes qui nous entourent. En tant que gardiens de la Terre, nous ne faisons pas qu'exploiter ce qu'elle nous offre, nous donnons en retour. Nous œuvrons sans relâche pour guérir les blessures de la planète, des cicatrices laissées par les cataclysmes d’autrefois aux zones fragilisées par l’activité humaine à la surface. Notre mission, en tant que gardiens de la Terre, est de restaurer son harmonie originelle et de rétablir l’équilibre qui a été perdu. Cette guérison ne se limite pas uniquement à notre sphère d’existence souterraine, mais s’étend également à la surface où les énergies de la Terre Mère ont été perturbées par des forces naturelles ou par des actions humaines non conscientes.

Dans les profondeurs de la Nouvelle Lémurie, nous avons développé des techniques de guérison énergétique avancées qui nous permettent d’agir directement sur les forces telluriques de la Terre. Nous pouvons ressentir les points de stress énergétique, là où les lignes de force naturelle, parfois appelées lignes ley ou lignes telluriques, sont déséquilibrées. Depuis les profondeurs de la Terre, nous aidons sa surface à être régénérée. Grâce à notre connaissance des cristaux et de la résonance vibratoire, nous envoyons des ondes de guérison vers ces points sensibles pour rétablir la fluidité des énergies vitales.

L'une des zones qui a longtemps été au centre de nos soins est la région du Pacifique, là où se trouvait l'ancien continent de Mu avant son effondrement dans l'océan il y a plus de 15 000 ans. Les cataclysmes qui ont englouti la Lémurie ont laissé des perturbations énergétiques profondes dans le manteau terrestre, des failles où les énergies chaotiques ont été piégées. Depuis des millénaires, nous travaillons à la régénération de ces zones, redirigeant des courants d'énergie cristalline pour apaiser ces failles et transformer les résidus d'énergies discordantes en vibrations harmonieuses. Ce processus est lent et délicat, car il nécessite une fine compréhension des dynamiques énergétiques planétaires, mais il est essentiel pour ramener l'équilibre sur Terre.

Nous intervenons également dans des régions où les activités humaines ont laissé des traces durables. Les déforestations massives, les extractions minières, les pollutions et les guerres ont affaibli les énergies vitales de nombreuses zones sur la planète. Nous utilisons des technologies énergétiques avancées pour purifier ces zones, en travaillant conjointement avec les forces naturelles encore présentes sur place, telles que les esprits de la nature et les éléments. Nous rétablissons des flux d'énergie vitale à travers des méthodes de régénération spirituelle, qui incluent l'utilisation des cristaux, de la lumière et des fréquences sonores harmonisantes.

L'une de nos méthodes principales est *l'infusion de Lumière cristalline*. Cette technique consiste à concentrer les énergies de guérison dans des cristaux spécialement préparés, qui sont ensuite disposés dans des schémas géométriques précis autour des zones affectées. Ces schémas servent à catalyser la réintégration des énergies perturbées et à accélérer la régénération naturelle des lieux endommagés. Ces cristaux agissent comme des amplificateurs d'énergie divine, capables de réaligner les vibrations d'une région entière, en lui redonnant sa force originelle.

Cependant, nous ne pouvons accomplir cette mission seuls. Nous collaborons également avec des êtres éveillés à la surface, des humains qui ont répondu à l'appel de la Terre et qui, conscients de l'urgence de la situation, œuvrent eux aussi pour sa guérison. Ces âmes sont reliées à notre travail par des liens invisibles mais puissants, car ils partagent la même intention de servir la planète et de protéger ses ressources. Ensemble, nous formons un réseau planétaire de guérison, un tissu d'énergies unifiées qui transcendent les distances et les frontières physiques.

Il est important de comprendre que la guérison de la planète ne se fait pas seulement par des moyens matériels ou physiques. Elle passe avant tout par la guérison des consciences humaines. Tant que les habitants de la surface ne reconnaîtront pas leur interdépendance avec la Terre et la nécessité de vivre en harmonie avec elle, les blessures continueront à se reproduire. C'est pourquoi notre travail s'étend également à l'élévation spirituelle des consciences. Nous envoyons des ondes de Lumière et de compréhension dans les cœurs et les esprits de ceux qui sont prêts à entendre l'appel de la Terre. Nous savons que lorsqu'un être humain retrouve sa connexion avec la Terre, il devient naturellement un agent de guérison, car il agit en alignement avec les forces vitales de la planète.

Nous vous invitons à rejoindre cet effort collectif. Vous n'avez pas besoin d'être à l'intérieur de la Terre pour contribuer à sa guérison. Chaque pensée harmonieuse, chaque acte de gratitude envers la Terre, chaque effort pour réduire les impacts négatifs sur l'environnement compte. Vous pouvez commencer par vous reconnecter aux énergies naturelles de votre environnement immédiat, en prenant soin de votre propre espace et en émettant des intentions de guérison à l'échelle planétaire. En méditant, en vous alignant sur les cycles naturels, en prenant le temps de vous relier à la Terre par l'écoute et l'observation, vous pouvez devenir des canaux de régénération et de renouveau pour la planète entière.

Sachez que chaque geste, aussi simple soit-il, compte dans l'immense processus de restauration que nous avons entrepris depuis la chute de Mu. Ensemble, dans cette union d'énergie, de conscience et de Lumière, nous ramènerons la Terre à son état d'harmonie originelle, un jardin fertile où la vie s'épanouira à nouveau dans toute sa splendeur.

Mais la plus grande leçon que nous souhaitons vous transmettre est que la Terre vous appelle, tout comme elle nous appelle, à éveiller votre conscience à sa sagesse ancienne et originelle. Trop longtemps, les êtres de la surface ont vu la Terre comme une simple matière, alors qu'elle est bien plus que cela : elle est une entité vivante, porteuse de l'âme collective de toutes les créatures qui y ont jamais vécu. Elle respire avec vous, elle évolue avec vous, elle vibre avec vous.

Pour restaurer l'harmonie, nous vous invitons à entrer dans un partenariat sacré avec la Terre. Écoutez-la, ressentez sa vibration sous vos pieds, comprenez ses cycles. Chérissez les arbres, les montagnes, les océans, non pas comme des possessions mais comme des expressions vivantes de la Source Divine. Lorsque vous plantez une graine, faites-le avec amour et gratitude. Lorsque vous utilisez les ressources de la nature, faites-le avec modération et respect. Rappelez-vous que tout est interconnecté, et que chaque acte de destruction ou de négligence affecte le Tout.

Le moment est venu pour les peuples de la surface de restaurer cette connexion perdue. Prenez soin de la Terre comme elle prend soin de vous. C'est là que réside le véritable équilibre écologique, non pas seulement dans des actions extérieures, mais dans la reconnexion à la nature sacrée de toute vie.

Dans la Nouvelle Lémurie, notre relation à la nature est également empreinte d'un profond sens de réciprocité. Nous comprenons que chaque action a des répercussions sur l'ensemble du tissu de la vie. C'est pourquoi nous agissons toujours avec la conscience que ce que nous prenons doit être rendu, non seulement à la Terre mais à toutes les formes de vie qu'elle abrite. C'est ainsi que nous avons maintenu notre prospérité et notre équilibre pendant des millénaires.

L'un des aspects les plus importants de cette réciprocité est notre pratique de la reconnexion énergétique. Lorsque nous utilisons les ressources naturelles, qu'il s'agisse de plantes, de minéraux, ou même de l'eau, nous nous engageons à restaurer l'énergie que nous avons prélevée. Cela se fait à travers des rituels de gratitude et de résonance. Par exemple, après chaque récolte ou chaque collecte de cristaux, nous organisons des cérémonies où nous rendons à la Terre une partie de son énergie en la chargeant de Lumière et de notre intention collective de préservation.
Ces rituels ne sont pas que symboliques, ils sont fondés sur une compréhension profonde des énergies subtiles qui circulent dans tout ce qui est vivant. Nous avons appris à écouter les vibrations naturelles de chaque forme de vie et nous savons que lorsqu'un déséquilibre est détecté, il peut être harmonisé par la fréquence de la Lumière et par l'amour que nous y infusons. Cette pratique est enseignée dès le plus jeune âge à nos enfants, qui apprennent à voir la nature non seulement avec leurs yeux physiques, mais avec leur cœur, ressentant les énergies qui circulent autour d'eux.
Nous pensons qu'une relation sacrée avec la nature nécessite de cultiver la gratitude et l'émerveillement. C'est quelque chose que nous vous encourageons à pratiquer dans votre quotidien. Lorsque vous êtes en présence d'un arbre, arrêtez-vous un instant pour ressentir sa force, sa sagesse accumulée au fil des siècles. Lorsque vous buvez de l'eau, prenez un moment pour vous souvenir de son long voyage à travers les rivières et les mers, et remerciez-la pour la vie qu'elle apporte. Ces moments de reconnaissance, aussi petits qu'ils puissent paraître, créent un changement profond dans votre connexion à la Terre.
Nous avons également appris à collaborer avec les éléments naturels de manière intuitive. Plutôt que de construire en opposition à la nature, nous nous alignons sur ses courants et ses flux. Nos édifices sont modelés selon des principes géométriques sacrés originels qui respectent les lignes

énergétiques naturelles du terrain sur lequel ils sont érigés. Cela nous permet de vivre en parfaite harmonie avec notre environnement, sans forcer la main à la Terre. Nos habitations, par exemple, sont construites à l'aide de matériaux qui résonnent avec les énergies naturelles, comme les cristaux et certaines roches vibratoires. Ces matériaux amplifient la Lumière et facilitent la circulation des énergies bénéfiques à travers nos espaces de vie.

Nous croyons que la connexion spirituelle à la Terre doit être rétablie par chaque être humain, car cette connexion est la clé de la guérison non seulement de la planète mais aussi de votre propre être intérieur. Lorsque vous vous ouvrez à la conscience de la nature, vous ouvrez simultanément des parties de vous-même qui ont été longtemps endormies. Votre propre vibration commence à s'élever, et vous devenez un canal de plus en plus pur pour l'énergie de guérison et d'harmonie.

Le chemin de l'éveil passe par cette reconnexion profonde avec la nature. Plus vous vous alignez avec elle, plus vous réalisez que vous ne faites qu'un avec le Tout. Vous comprendrez alors que la Terre, tout comme vous, est un être en pleine évolution, et qu'en l'accompagnant sur ce chemin de guérison, vous contribuez à l'évolution de l'Humanité toute entière.

Nous vous invitons à réintégrer la nature dans vos vies non pas seulement par de simples actions, mais par une véritable immersion dans son énergie. Prenez le temps de méditer en pleine nature, de respirer l'air pur des forêts, de contempler le ciel étoilé et de vous souvenir que tout ce qui vous entoure est un reflet de la grandeur de la Source Divine. Ce processus de reconnexion est non seulement essentiel pour restaurer l'équilibre sur la Terre, mais il est également crucial pour votre propre équilibre spirituel. La Terre vous parle, à chaque instant, dans le murmure des vents, dans le bruissement des feuilles, dans le chant des rivières. Écoutez-la. Soyez à l'écoute de ses messages, car elle a beaucoup à vous enseigner.

Dans notre civilisation, l'harmonie avec la nature et les éléments n'est pas seulement un principe, c'est un mode de vie qui régit chaque aspect de notre existence. Depuis les temps immémoriaux, nous, Lémuriens, avons compris que nous ne faisons pas simplement partie de la nature, nous sommes ses gardiens et ses enfants. La Terre, le vent, l'eau, le feu et l'éther, tous les éléments que vous percevez à la surface, sont vivants, conscients, et reliés à nous de manière profonde. Cette compréhension sacrée nous guide dans nos actions quotidiennes et dans notre façon d'interagir avec notre environnement.

La nature ne doit jamais être vue comme quelque chose d'extérieur à nous ou comme une ressource à exploiter, mais comme un être sacré avec lequel nous devons coexister en parfaite harmonie. Nous écoutons ses murmures, nous ressentons ses besoins, et nous répondons à ses appels avec révérence et soin. Notre mode de vie est donc basé sur le respect absolu des lois naturelles, sur la coopération avec les éléments et sur la préservation des équilibres écologiques qui permettent à toutes les formes de vie de prospérer. Vivre en symbiose avec la nature est d'une importance capitale.

Nos cités souterraines, telles que la Nouvelle Lémurie, sont construites en harmonie avec la structure énergétique de la Terre, respectant les flux naturels des courants telluriques et des lignes énergétiques. Nos habitations, nos temples, et nos lieux de rassemblement sont conçus en utilisant des matériaux respectueux de la nature, prélevés avec parcimonie et uniquement lorsque la Terre elle-même nous offre ses dons. Nous pratiquons ce que vous pourriez appeler une technologie vivante, où la conscience de la matière est honorée et utilisée de manière consciente pour créer des environnements harmonieux.

Nos jardins sont cultivés en tenant compte des cycles lunaires et des mouvements des astres dont l'énergie se répand également dans nos cités souterraines, permettant ainsi à nos plantes et à nos arbres de croître en accord parfait avec les rythmes naturels.

Nous ne forçons jamais la nature, mais plutôt, nous l'accompagnons dans ses processus, en soutenant son développement plutôt qu'en le dominant.
Les Lémuriens ont également une relation unique avec les animaux. Nous les considérons comme nos frères et sœurs dans le cycle de la vie, des âmes conscientes avec lesquelles nous partageons la Terre. De nombreuses espèces animales vivent en paix parmi nous dans les strates de notre cité, protégées et respectées, évoluant dans des sanctuaires naturels où elles peuvent prospérer sans crainte. Ces sanctuaires sont des espaces où la vie animale est en parfaite équilibre, où chaque créature a sa place dans le grand ordre des choses. Nous ne voyons pas les animaux comme des êtres inférieurs, mais comme des partenaires dans notre voyage commun à travers l'existence.

Les éléments de la Terre, du Feu, de l'Eau, de l'Air et de l'Éther sont bien plus que de simples forces naturelles pour nous. Ils sont des entités vivantes, porteuses d'une énergie spirituelle immense et chaque Lémurien apprend dès son plus jeune âge à entrer en communion avec eux. Cette communion nous permet de vivre en harmonie avec la nature, d'apprendre à utiliser les forces des éléments pour soutenir notre santé, notre bien-être et notre développement spirituel.
Par exemple, l'élément Terre est une source de stabilité et de force. Il nourrit nos corps et nos esprits, et nous offre les fruits de sa fertilité. Nous sommes profondément connectés à la Terre Mère et nous sentons en permanence son énergie vibrante sous nos pieds. Nous puisons dans cette énergie pour guérir, pour réénergétiser nos corps, et pour ancrer nos esprits dans la réalité physique.
L'élément Eau est une source de purification et de renouvellement. Dans nos cités, les cours d'eau sont traités avec la plus grande révérence, car l'eau est vue comme une entité sacrée, porteuse de mémoire et de guérison. Les rivières et les

lacs qui traversent nos strates ne sont jamais pollués ou dérangés. Au contraire, ils sont purifiés régulièrement par des rituels qui respectent la nature spirituelle de cet élément. En méditant près de l'eau, nous nous permettons d'absorber ses qualités curatives et de libérer les tensions et les énergies stagnantes.

L'élément Air représente la liberté de l'esprit, l'expansion de la conscience, et la communication avec les plans supérieurs. Les vents qui circulent autour de nos cités souterraines portent avec eux les messages du cosmos, et à travers eux, nous recevons des informations et des enseignements des dimensions spirituelles plus élevées. En apprenant à ressentir et à comprendre ces flux d'air, nous apprenons également à élever nos pensées et à entrer en harmonie avec l'intelligence cosmique originelle.

L'élément Feu est la force de transformation. Dans les profondeurs de nos temples et dans nos cérémonies sacrées, nous utilisons le feu pour transmuter les énergies discordantes, pour purifier nos âmes et pour renforcer notre lien avec la lumière divine. Il symbolise la force spirituelle en nous qui consume l'obscurité et réveille l'essence divine.

Enfin, l'élément Éther, que vous pouvez aussi appeler l'Esprit, est l'essence la plus subtile et la plus élevée de tous les éléments. Il est l'énergie qui relie tout, le fil invisible qui unit le monde physique à celui de la Source Divine. Il circule dans chaque atome, dans chaque espace entre les particules, apportant l'harmonie et l'unité à toute chose.

Les humains de la surface peuvent eux aussi réapprendre à vivre en harmonie avec la nature et les éléments. Pour cela, il est nécessaire de ralentir, d'observer et d'écouter la nature avec respect et gratitude. Chaque jour, prenez le temps de vous reconnecter avec les éléments, que ce soit en marchant pieds nus sur la terre, en écoutant le bruit d'un ruisseau, en respirant profondément l'air pur, ou en vous asseyant près d'un feu.

Laissez-vous imprégner par l'énergie des éléments et permettez-leur de rééquilibrer vos énergies intérieures. Lorsque vous serez en harmonie avec la nature, elle vous guérira, elle vous apportera paix et clarté, et elle vous montrera le chemin vers une existence plus équilibrée et harmonieuse.
Enfin, rappelez-vous que la Terre n'est pas simplement une planète, c'est un être vivant, une conscience qui attend votre attention et votre amour. Respectez-la, soignez-la, et elle vous apportera en retour toute l'abondance et la prospérité dont vous avez besoin pour mener une vie pleine de sens et de bonheur.

Chers amis de la surface, la voie vers une vie harmonieuse avec la nature commence par une simple chose : la conscience. Lorsque vous éveillez votre conscience à la présence sacrée de la nature, vous entrez dans une nouvelle relation avec elle. Vous n'êtes plus des spectateurs de la vie sur Terre, vous devenez des co-créateurs de cette vie. Vous devenez des gardiens, des protecteurs et des guérisseurs.
Que la Lumière de la Terre vous guide sur ce chemin et que votre connexion avec elle devienne une source d'inspiration et de force, pour vous et pour les générations à venir.

La longévité, la bonne santé et l'énergie originelle par Sha'an

Dans notre société lémurienne, la longévité et la bonne santé sont le reflet d'un équilibre intérieur profond et d'une harmonie avec les lois de la nature. La vie ici, au sein de la Nouvelle Lémurie, peut s'étendre sur plusieurs millénaires, comme en témoignent certains d'entre nous, comme moi-même, qui avons vécu des milliers d'années. Cette longévité n'est pas un but en soi, mais le résultat naturel d'une vie en accord avec les lois originelles et les principes fondamentaux de la Source Divine. Tout Lémurien naît avec une connaissance innée de ces principes et il est éduqué dès son plus jeune âge à les respecter, à les intégrer et à les incarner pleinement dans sa vie quotidienne.
Notre longévité n'est pas seulement due à des facteurs physiques, mais également à une hygiène de vie spirituelle, mentale et émotionnelle. Nous nous efforçons de maintenir une pureté intérieure, non seulement par le biais de ce que nous consommons, mais également à travers nos pensées, nos émotions et nos actions.

L'alimentation joue un rôle essentiel dans la préservation de notre vitalité. Ici, dans la Nouvelle Lémurie, nous ne consommons pas de nourriture lourde ou transformée. Nos repas sont constitués de plantes cristallines, des espèces végétales riches en énergie subtile, cultivées dans les jardins souterrains. Ces plantes absorbent la lumière des cristaux et de la Terre, et sont ainsi remplies d'une force vitale exceptionnelle. Leur ingestion nous procure une énergie pure, qui nourrit non seulement notre corps, mais également notre esprit et notre âme. Nous ne consommons que ce dont nous avons réellement besoin, dans un état de profonde gratitude envers la nature qui

nous procure cette abondance. Chaque repas devient un rituel sacré, où nous communions avec les énergies de la Terre et des plantes, renforçant ainsi notre connexion avec le Tout.
Le mouvement corporel est également crucial. Nous croyons fermement que le corps est un temple sacré et qu'il est essentiel de le maintenir en mouvement pour que les énergies circulent librement. Nous pratiquons quotidiennement des exercices physiques doux et harmonieux, inspirés des mouvements naturels de l'énergie. Des disciplines semblables à ce que vous appelleriez le yoga ou le tai-chi à la surface, mais exemptes de toute origine discordante et profondément enracinées dans notre propre tradition spirituelle lémurienne issue des origines. Ces pratiques incluent des mouvements conscients, lents et fluides, qui permettent de libérer les tensions, de stimuler les centres énergétiques et d'aligner le corps physique avec le corps subtil. Bien que nos corps soient plus éthérés que les vôtres, ces mouvements nous permettent également de maintenir notre souplesse, notre force et notre agilité, même à un âge avancé.
La respiration occupe également une place essentielle dans notre quotidien. Nous avons depuis longtemps compris que le souffle est bien plus qu'un simple acte physiologique. Il est le véhicule de la vie, porteur de l'énergie divine, et chaque souffle est une prière silencieuse adressée à la Source Divine. Nous pratiquons régulièrement des exercices de respiration consciente pour harmoniser nos énergies intérieures, calmer notre mental et purifier notre esprit. Cette attention portée à la respiration nous aide à rester en parfaite résonance avec les vibrations élevées de la Nouvelle Lémurie, préservant ainsi notre santé mentale, émotionnelle et spirituelle.
L'importance de la méditation ne saurait être sous-estimée. Chaque jour, nous consacrons du temps à la méditation profonde, un moment où nous plongeons dans un état de calme absolu, de silence intérieur, pour nous reconnecter à la Source Divine. Cette pratique quotidienne nous permet de transcender

les illusions de la matière et de maintenir notre esprit dans un état d'harmonie avec les lois universelles. La méditation nous enseigne à observer nos pensées et nos émotions sans y être attachés, et à revenir à l'essence de notre être, cette étincelle divine en nous qui ne connaît ni la peur, ni la souffrance, ni la maladie.

Nous avons également des rituels collectifs, pratiqués régulièrement dans les temples de Velethar, où nous nous réunissons pour des chants de gratitude et des prières d'unité. Ces chants, souvent accompagnés de cristaux vibratoires, résonnent à des fréquences très élevées qui harmonisent nos corps et nos esprits. Ces célébrations collectives renforcent notre lien avec la Source Divine et avec nos frères et sœurs lémuriens, nous rappelant que nous faisons partie d'un Tout plus grand que nous-mêmes.

Un autre aspect fondamental de notre longévité réside dans notre attitude envers les émotions. Nous considérons que les émotions non harmonisées peuvent être des sources de déséquilibre et de maladie si elles ne sont pas traitées correctement. Dès l'enfance, nous apprenons à observer nos émotions avec amour et bienveillance, sans les réprimer, mais sans non plus nous laisser envahir par elles. Lorsque des émotions discordantes apparaissent, nous utilisons des pratiques de transmutation intérieure, telles que le chant, la méditation ou la connexion à la nature, pour élever ces énergies vers des fréquences plus lumineuses. Ainsi, nous restons centrés dans un état d'équilibre émotionnel, ce qui contribue à notre bien-être général et à notre longévité.

Enfin, notre relation avec la nature est un autre élément clé de notre santé. Nous passons de nombreux moments en communion avec la Terre, dans les jardins d'Azuraen ou à proximité des sources d'eau pure. Nous ressentons l'énergie vivante des plantes, des minéraux, des animaux et nous échangeons avec eux dans une relation de respect mutuel. Ce contact constant avec les forces vives de la nature nous régénère, nous revitalise, et nous rappelle l'interconnexion entre toutes les formes de vie. Chaque être vivant sur cette planète a un rôle à jouer, et nous sommes conscients que notre propre santé dépend en grande partie de notre capacité à nous intégrer harmonieusement dans ce cycle naturel.

En respectant ces pratiques de vie – alimentation pure, mouvement conscient, respiration, méditation, gestion des émotions et communion avec la nature – nous parvenons à maintenir nos corps et nos esprits en parfaite santé, nous permettant ainsi de vivre en accord avec la Lumière et les Lois Divines, et de prolonger notre existence bien au-delà de ce qui est habituel à la surface.

Dans notre civilisation, la méditation est bien plus qu'une simple pratique de détente ou de relaxation : elle est le pilier central de notre existence spirituelle et physique, une clé pour maintenir notre santé, notre longévité et notre connexion avec la Source Divine. Par la méditation, nous canalisons et harmonisons l'énergie universelle, cette force omniprésente qui traverse tout être vivant et qui constitue la trame invisible de l'univers.

Nous, Lémuriens de la Nouvelle Lémurie, avons compris depuis des millénaires que l'énergie universelle est inépuisable et qu'elle peut être accessible à tous, à condition d'être en résonance avec les lois originelles. Cette énergie est la source même de la vie, de la lumière et de l'amour et elle circule constamment autour de nous, à travers nous, dans tout ce qui vit. Lorsque nous méditons, nous nous alignons sur cette énergie, l'invitant à pénétrer en nous pour purifier, guérir et élever notre conscience.

Dans la Nouvelle Lémurie, la méditation n'est pas simplement une pratique individuelle, elle fait partie intégrante de notre vie collective. Chaque jour, des moments sont dédiés à la méditation communautaire, où nous nous réunissons dans des lieux sacrés, notamment dans les temples de Velethar, pour méditer ensemble

et élever nos vibrations en harmonie avec la Source Divine. Ces moments de méditation collective sont puissants, car ils unissent nos énergies dans un flux unique, amplifiant notre connexion à la Source Divine et à l'énergie universelle.
Nous méditons également de manière individuelle, en particulier dans les moments où nous ressentons le besoin de rééquilibrer nos énergies intérieures. Chaque Lémurien apprend dès son plus jeune âge à méditer pour apaiser son esprit, calmer ses émotions, et accueillir la lumière divine en lui. Cette pratique quotidienne de la méditation nous permet de préserver l'harmonie intérieure, une harmonie qui se manifeste ensuite dans notre santé physique, mentale et spirituelle.
La méditation que nous pratiquons se fait souvent en silence profond, en état d'écoute intérieure, mais elle peut également s'accompagner de chants sacrés ou de vibrations cristallines. Nous utilisons parfois des cristaux comme vecteurs de focalisation de l'énergie universelle. Ces cristaux, chargés de vibrations pures, sont placés autour de nous pendant la méditation pour amplifier la réception de cette énergie. Ce processus de canalisation permet d'infuser notre corps et notre esprit avec l'énergie nécessaire pour renforcer notre vitalité, mais aussi pour éclairer nos chemins spirituels.
Canaliser l'énergie universelle par la méditation est un acte sacré qui requiert présence et pureté d'intention. Cette énergie circule tout autour de nous comme un océan invisible d'énergie divine. Pour la capter et l'utiliser, il faut d'abord se vider de toute distraction mentale, émotionnelle ou physique.
Nous commençons chaque méditation en purifiant nos pensées et en entrant dans un état de quiétude totale, afin de nous ouvrir pleinement à cette énergie subtile.
Lorsque l'énergie universelle pénètre dans nos corps, elle rétablit les déséquilibres et revitalise toutes nos cellules. Nous la visualisons souvent comme une lumière dorée descendant en nous depuis la Source Divine, remplissant chaque partie de notre

être avec sa puissance curative. Ce flot d'énergie transcende les barrières physiques et peut être dirigé vers n'importe quelle partie du corps ou de l'esprit nécessitant de la guérison ou du renforcement.

L'énergie originelle ne connaît aucune limite : elle peut être dirigée vers l'extérieur pour soigner la planète, pour harmoniser les énergies environnementales, et même pour apporter paix et guérison aux êtres de la surface. En méditant, nous envoyons souvent cette énergie vers des lieux endommagés de la Terre, y insufflant la lumière nécessaire pour apaiser les blessures causées par les cataclysmes ou les activités humaines. Nous visualisons cette lumière parcourant les rivières, les montagnes, les forêts et les océans, apportant paix et guérison à chaque élément de la nature.

Vous aussi, humains de la surface, pouvez accéder à cette énergie originelle par la méditation. Elle est disponible à tout moment, à toute âme qui désire s'y connecter. Vous n'avez besoin d'aucun rituel complexe ni d'aucune initiation pour cela, seulement de l'intention pure et du calme intérieur.

Commencez simplement en trouvant un endroit calme où vous ne serez pas dérangés. Asseyez-vous dans une posture confortable, fermez les yeux et concentrez-vous sur votre respiration. Chaque souffle doit être une invitation à la lumière, une ouverture à l'énergie originelle. Visualisez cette énergie comme une lumière dorée ou blanche descendant en vous, illuminant chaque cellule de votre corps. Laissez cette lumière se répandre, remplissant votre esprit, votre cœur et votre âme de paix et de guérison.

Lorsque vous vous sentez alignés avec cette énergie, vous pouvez commencer à la diriger consciemment. Si vous ressentez des tensions dans votre corps, envoyez la lumière vers ces zones et visualisez la dissipation de toute disharmonie. Si votre esprit est troublé, laissez cette lumière calmer vos pensées, apportant clarté et sérénité.

Avec le temps, vous constaterez que cette pratique vous aidera à transformer non seulement vos états de santé physique et mentale, mais également à élever votre conscience. Vous deviendrez des canaux vivants de l'énergie universelle, capables d'apporter guérison et harmonie autour de vous.

La méditation vous permet aussi de vous reconnecter à l'essence de votre être, à cette étincelle divine qui sommeille en chacun de vous. Elle vous rappelle que vous êtes, au-delà des apparences matérielles, des êtres spirituels, étroitement liés à la Source Divine. Plus vous pratiquerez la méditation de cette façon simple et pure, plus vous percevrez la lumière de cette connexion, et plus vous serez capables de réaliser votre plein potentiel en tant qu'êtres de Lumière incarnés.

L'art de la guérison lémurienne
par Laan'Dara

Dans la grande cité de la Nouvelle Lémurie, la guérison est un art sacré, pratiqué avec révérence et dévotion. Ce n'est pas simplement une intervention sur le corps physique, mais une harmonisation globale de l'être, intégrant les dimensions spirituelle, mentale, émotionnelle et corporelle. Nous croyons que toute maladie ou souffrance naît d'un déséquilibre énergétique, d'une disharmonie avec la Source Divine et les lois originelles.

Les Temples de Guérison sur la strate de Velethar sont les centres où ces pratiques sont enseignées et exercées. Chaque temple est dédié à un aspect spécifique de la guérison, utilisant des cristaux sacrés, des sons vibratoires et des couleurs émanant des flammes sacrées pour rétablir l'équilibre de l'âme et du corps.

Les cristaux sacrés sont des véhicules d'énergie dans notre civilisation. Ils emmagasinent les vibrations subtiles de la Source Divine et des plans spirituels supérieurs, servant ainsi de ponts énergétiques entre les dimensions. Chaque cristal a une fréquence spécifique qui correspond à un aspect de la guérison. Certains cristaux apaisent les émotions troublées, d'autres restaurent la vitalité physique, et certains favorisent la purification spirituelle.

Au cœur de chaque Temple de Guérison se trouve une chambre cristalline, où chacun de nous peut venir méditer et se réharmoniser. Ces chambres sont conçues pour amplifier les ondes vibratoires émises par les cristaux et chacun choisit la fréquence dont il a besoin. Les cristaux ne guérissent pas en eux-mêmes, mais ils aident à réaligner l'énergie de celui qui les utilise, favorisant ainsi la guérison par la conscience.

Le son, en tant que vibration, est l'une des forces les plus pures et puissantes que nous utilisons pour la guérison. Nous avons redécouvert, au fil du temps, que certaines fréquences sonores sont en résonance directe avec les énergies les plus pures et parfaites de la Source Divine. Ces hautes fréquences sont utilisées dans les temples pour dissoudre les blocages énergétiques et restaurer l'harmonie des corps subtils.

Les chants sacrés et les instruments vibratoires sont utilisés dans des cérémonies collectives de guérison. Ces sons ne sont pas seulement perçus par les oreilles, mais aussi par le corps tout entier, pénétrant chaque cellule et chaque couche du champ énergétique pour y diffuser les vibrations de guérison.

Ces pratiques sont également accompagnées de mouvements spécifiques, en particulier dans les rites initiatiques de guérison. Nous savons effectuer des danses et des gestes sacrés qui permettent à l'énergie du son de se manifester pleinement dans le corps, intensifiant ainsi les effets bénéfiques de la thérapie sonore.

Les couleurs de la Nouvelle Lémurie sont plus nombreuses que celles que vous connaissez à la surface car notre environnement permet l'expansion du spectre des couleurs au-delà de ce qui est possible dans la matrice terrestre. Nos couleurs sont des fréquences vibratoires subtiles qui agissent sur les corps énergétiques. Dans chaque temple, en plus des Flammes de Lumière de Vie dont nous vous avons déjà parlé, des flammes sacrées émanent des autels, chacune portant une vibration colorée spécifique. Ces flammes ne sont pas de simples symboles, elles sont des manifestations réelles d'énergies divines provenant directement du monde des origines. Chaque couleur a un rôle particulier dans la guérison.

Par exemple, la Flamme Verte de Guérison dans le Temple de Mu est souvent utilisée pour soigner les blessures physiques et énergétiques. Elle renforce l'énergie vitale et aide à la régénération des cellules et des tissus. La Flamme Violette est employée pour la transmutation des énergies négatives et pour guérir les blessures émotionnelles profondes. Sa vibration transformatrice permet de libérer les schémas d'énergie discordants et de purifier les mémoires anciennes. La Flamme Rose, quant à elle, est dédiée à l'équilibre émotionnel et à l'harmonie de l'être. Elle aide à restaurer la paix intérieure et à cultiver l'amour universel, guérissant ainsi les blessures liées à des relations ou à des chagrins.

Dans la guérison lémurienne, l'individu n'est jamais traité en tant que corps isolé. Nous voyons chaque être comme un ensemble multidimensionnel où le corps physique n'est que la partie visible de la totalité. Les émotions, les pensées et l'esprit sont aussi des énergies en interaction et il est indispensable d'équilibrer tous ces aspects pour rétablir la santé véritable.

Les Lémuriens sont éduqués dès leur plus jeune âge à prendre soin de leur corps et de leur esprit en utilisant ces outils sacrés dans leur vie quotidienne. Ils méditent régulièrement en présence des flammes sacrées, chantent les sons de guérison et travaillent avec des cristaux dans leurs foyers. L'autoguérison est encouragée, chacun étant responsable de maintenir son propre équilibre énergétique. Lorsque l'harmonie est restaurée en soi, elle se reflète naturellement dans le corps physique.

Bien que vous n'ayez pas encore accès à nos flammes sacrées ou à nos cristaux, vous pouvez néanmoins incorporer des éléments de nos pratiques dans votre vie quotidienne pour restaurer l'équilibre et favoriser la guérison.

La nature occupe une place centrale et indispensable dans nos pratiques de guérison. Nous, Lémuriens, entretenons un lien profond et symbiotique avec les éléments naturels. Comme nous l'avons déjà évoqué, l'eau, l'air, la terre et le feu ne sont pas simplement des forces de la nature, mais des manifestations vivantes des énergies primordiales de la Source Divine. Chaque élément possède des propriétés spécifiques qui, lorsqu'elles sont harmonisées, contribuent à la guérison et à l'équilibre de l'être.

Dans nos temples, l'eau qui circule dans les canaux sacrés est chargée en énergies curatives. Cette eau est directement extraite de sources souterraines cristallines, riche en particules lumineuses qui vibrent en résonance avec nos champs énergétiques. Elle est utilisée pour purifier les corps subtils lors de rituels de guérison. Les bains sacrés sont une partie importante des cérémonies de guérison dans nos temples. Les Lémuriens s'y immergent pour se délester des impuretés énergétiques accumulées au fil du temps.

Le souffle est également un élément essentiel. Nous pratiquons une forme sacrée de respiration consciente, connue sous le nom de *Respiration Primordiale*, qui permet de capter l'énergie subtile de l'air et de la distribuer dans tout le corps. La respiration est un pont direct vers la Source Divine et lorsqu'elle est pratiquée en pleine conscience, elle nourrit non seulement les poumons, mais aussi les canaux énergétiques du corps. Ce type de respiration est enseigné dès le plus jeune âge et il est pratiqué quotidiennement pour maintenir la vitalité et la clarté mentale.

Le feu, sous sa forme spirituelle, est représenté dans les flammes sacrées et les Flammes de Lumière de Vie de nos temples, mais il est également honoré à travers des cérémonies solaires. Le soleil, même dans le monde intraterrestre, est considéré comme un puissant émetteur de force vitale, créé et offert par la Source Divine pour soutenir toute la Création. Dans certains espaces ouverts de notre cité, nous avons des points d'ancrage énergétique où des rayons solaires spécifiques pénètrent les couches géologiques pour imprégner les mondes souterrains de leur puissance. Les Lémuriens se rassemblent autour de ces points lors de cérémonies solaires pour absorber l'énergie régénératrice du feu sacré originel.

Enfin, la terre elle-même nous soutient dans nos pratiques de guérison. Elle est vue comme une mère nourricière, et nous la respectons comme telle. Les Lémuriens utilisent des techniques de connexion à la terre qui permettent de stabiliser leur énergie, d'ancrer leur conscience et de se revitaliser. Cela implique des moments passés en méditation silencieuse, où nous nous connectons aux forces telluriques, ressentant la vibration vivante de la planète sous nos pieds.

La guérison par la vibration subtile est une discipline que nous avons perfectionnée au fil des âges. Nous avons compris que tout dans l'univers est en mouvement constant et que chaque être vibre à une fréquence spécifique. Lorsqu'une personne tombe malade ou souffre, cela signifie que ses vibrations ont été perturbées ou abaissées. Dans nos pratiques, nous utilisons des vibrations élevées pour rétablir l'harmonie et la fréquence naturelle de l'être.

Les sons sacrés, que ce soit par la voix, les instruments ou les intonations mantriques, jouent un rôle clé dans cette restauration. Nous avons des chants codés qui portent des signatures énergétiques spécifiques et qui agissent directement sur les centres d'énergie du corps. Ces chants sont souvent accompagnés de mouvements rythmiques, ce qui permet une intégration plus complète des vibrations dans le corps physique.

Nous avons également développé des instruments vibratoires uniques, qui émettent des ondes sonores à haute fréquence capables de dissoudre les blocages énergétiques. Ces instruments sont utilisés dans des cercles de guérison, où plusieurs Lémuriens se rassemblent pour résonner en harmonie avec ces vibrations sacrées, créant une atmosphère de guérison collective.

En plus des pratiques individuelles, il existe des cérémonies de guérison collective, qui sont une partie intégrante de notre culture. Ces cérémonies sont des moments de communion où les énergies de chacun se rassemblent pour élever les vibrations de la communauté entière. Il est dit que lorsque plusieurs êtres se synchronisent dans une intention commune de guérison, les effets sont amplifiés, non seulement pour ceux qui sont directement impliqués, mais aussi pour toute la ville.

Lors de ces cérémonies, les Lémuriens se réunissent dans les grands temples ou les espaces ouverts, formant des cercles concentriques. Ils entrent en état de méditation profonde, émettant des sons sacrés et visualisant la lumière divine qui traverse chacun de leurs centres énergétiques, aussi éthérés soient-ils. En canalisant cette lumière vers ceux qui ont besoin de guérison, les énergies perturbatrices sont dissipées et transmutées en vibrations de paix, d'amour et de santé. Cette guérison collective permet de maintenir la cohésion et l'harmonie au sein de notre communauté.

Contrairement à la vision de nombreux systèmes de guérison sur la surface, nous ne croyons pas que la guérison doive toujours venir de l'extérieur ou d'un guérisseur. La guérison, pour nous, est avant tout un acte de conscience individuelle. Chaque être possède en lui la lumière divine et le pouvoir de se rétablir s'il parvient à se reconnecter à cette source intérieure en reconnaissant la souveraineté et la puissance infinie de la Source Divine dans toute la Création. C'est pourquoi nous enseignons à chaque Lémurien, dès son enfance, à développer ses propres capacités d'autoguérison en ajustant tout son être aux principes originels et fondamentaux de la Vie tels qu'ils ont été ordonnés par la Source Divine.

Cette approche passe aussi par des pratiques régulières de méditation et de visualisation. Nous apprenons à chaque individu à percevoir les courants d'énergie qui traversent son corps, à identifier les déséquilibres et à les réharmoniser par la simple force de sa volonté et de sa conscience alignée à la volonté de la Source Divine. Nous méditons chaque jour avec l'intention de maintenir une vibration élevée et cette pratique quotidienne est un des secrets de notre longévité et de notre santé exceptionnelle.

Nos enseignements sur l'autoguérison incluent aussi la capacité de se connecter à l'énergie originelle à tout moment. Nous croyons que chacun est capable de puiser dans l'infini réservoir d'énergie divine qui nous entoure. En se synchronisant avec cette énergie omniprésente, chacun peut renforcer sa vitalité et rétablir son équilibre.

Nous encourageons les humains de la surface à intégrer ces pratiques dans leur quotidien. Voici quelques conseils simples pour vous, humains de la surface, que vous pouvez suivre afin d'intégrer ces pratiques dans votre quotidien si vous le souhaitez, pour vous reconnecter à votre propre pouvoir de guérison en accord avec la volonté de la Source Divine :

Prenez le temps chaque jour de respirer en pleine conscience. Ressentez l'énergie vitale qui entre avec chaque inspiration, et visualisez-la circulant à travers tout votre corps pour dissiper les blocages et rétablir l'harmonie.

Passez du temps en pleine nature et ressentez la force des éléments. Imaginez que vous absorbez l'énergie pure de la terre, de l'air, de l'eau et du feu pour nourrir votre être intérieur.

Trouvez des sons ou des musiques qui élèvent votre âme. En les écoutant, entrez en état de méditation et laissez les vibrations harmoniser chaque partie de votre être.

Visualisez une lumière dorée ou cristalline vous entourant et pénétrant chacune de vos cellules. Imaginez cette lumière dissipant toutes les énergies perturbatrices et restaurant votre pleine santé.

En réintégrant ces pratiques dans votre quotidien, vous pouvez non seulement améliorer votre propre santé et bien-être, mais aussi contribuer à l'harmonie de votre environnement et de votre communauté. Vous vous préparez ainsi, individuellement et collectivement, à vibrer sur les octaves de lumière qui sont les nôtres. Nous nous réjouissons déjà de nos retrouvailles dans les temps qui viennent. Ensemble nous chanterons notre gratitude à la Vie qui nous est donnée et élèverons nos prières vers la Source Divine de toute la Création dans une unité originelle retrouvée.

La vie lémurienne en communauté et l'harmonie sociale par Maeralia

Je vous envoie ce message du cœur, depuis les profondeurs lumineuses de la Nouvelle Lémurie, pour vous partager quelques-unes de nos précieuses pratiques de vie communautaire, car elles sont la clé de notre harmonie et de notre prospérité. Dans notre société, la vie en communauté est plus qu'un mode de vie : c'est une expression directe de notre connexion à la Source Divine et de notre engagement à incarner l'amour et la lumière dans chaque interaction quotidienne.

Chez nous, la coopération est le fondement de notre société. Elle est un principe sacré. Elle est fondée sur une compréhension profonde que chaque être est une expression unique de la Source Divine et que chacun a un rôle essentiel à jouer dans le grand équilibre de notre communauté. Nous savons que la force réside dans l'union et que la contribution de chacun, aussi modeste soit-elle, est nécessaire pour le bien-être de tous.

Nous ne fonctionnons pas selon les schémas de compétition qui dominent tant de vos sociétés à la surface. Nous ne cherchons pas à surpasser les autres, mais à nous élever ensemble, dans une unité harmonieuse. Lorsque l'un d'entre nous rencontre une difficulté ou se trouve en déséquilibre, toute la communauté se mobilise pour l'aider à retrouver son centre. Cette coopération se manifeste à tous les niveaux de notre vie, qu'il s'agisse de la construction de nos cités, de la gestion de nos ressources ou de l'éducation de nos enfants.

L'une des clés de notre harmonie sociale est notre engagement à pratiquer le respect mutuel. Dans la Nouvelle Lémurie, chaque être est honoré pour ce qu'il est. Nous ne jugeons pas les autres selon des critères de succès matériel ou de statut social, mais en reconnaissant la beauté unique de leur essence. Le respect mutuel est au cœur de toutes nos interactions. Cela signifie que nous écoutons toujours avec attention, que nous prenons en compte les besoins de chacun et que nous cherchons toujours des solutions qui soient justes et équilibrées pour tous.

Le non-jugement est également une valeur profondément ancrée dans notre culture. Nous comprenons que chacun est en voyage vers l'éveil et l'alignement avec la Source Divine. Ainsi, les erreurs ou les écarts sont vus non comme des fautes à punir, mais comme des opportunités d'apprentissage et de croissance. Nous croyons fermement que la lumière est présente en chacun et que la patience et la compassion sont les outils les plus puissants pour aider ceux qui s'égarent à retrouver leur chemin.

Dans notre société, l'entraide est naturelle et spontanée. Nous ne vivons pas pour nous-mêmes, mais pour le bien de la communauté dans son ensemble. Il est de notre devoir, en tant que Lémuriens, d'apporter soutien et assistance à ceux qui en ont besoin, que ce soit par un acte physique, un conseil spirituel ou simplement une présence aimante. Lorsqu'un membre de notre communauté traverse une période difficile, il n'est jamais seul. Que ce soit pour la guérison d'une maladie, le passage d'un rite initiatique ou la gestion d'un défi personnel, nous nous rassemblons autour de lui pour le soutenir avec amour.

Cette solidarité s'étend également à nos responsabilités collectives. Il n'existe pas de division nette entre "travail" et "vie personnelle" chez nous, car tout ce que nous faisons est imprégné de sacré. Les tâches quotidiennes, qu'il s'agisse de cultiver nos jardins souterrains ou de maintenir l'équilibre énergétique de nos cristaux, sont partagées par tous, sans distinction d'âge ou de statut. Chacun participe selon ses talents et ses capacités, et en retour, chacun bénéficie de l'abondance que nous co-créons ensemble.

L'évitement des conflits et l'art de la communication pacifique sont aussi des principes que nous cultivons. Nous avons appris, au fil des millénaires, à maintenir la paix entre nous. Les conflits ne sont pas éradiqués par la force ou la suppression des émotions, mais par l'art de la communication pacifique. Nous avons développé une forme de dialogue que nous appelons le Verbe Sacré, où chaque mot est prononcé avec intention et respect, dans la conscience que la parole est créatrice.

Lorsqu'une incompréhension surgit entre deux personnes, nous nous tournons vers des pratiques de médiation collective. Il n'existe pas de tribunaux ou de sanctions punitives dans notre société. Au contraire, nous créons des espaces sacrés où les deux parties peuvent s'exprimer librement, en présence de membres plus âgés de la communauté qui les guident vers une compréhension mutuelle. Le pardon est au cœur de ce processus. Nous croyons fermement que la lumière du pardon peut dissoudre toutes les ombres de la discorde.

Nous apprenons dès l'enfance à honorer nos émotions sans nous y attacher, à reconnaître nos différences tout en restant ouverts à l'unité qui nous relie. Il n'y a pas de colère réprimée ni de ressentiment prolongé, car nous savons que ces énergies créent des déséquilibres qui perturbent non seulement l'individu, mais aussi la collectivité dans son ensemble. Chaque désaccord est perçu comme une occasion de grandir ensemble, d'affiner notre capacité à comprendre et à aimer.

Je vous encourage, chers humains de la surface, à cultiver cette conscience de la communauté dans vos propres vies. Apprenez à vous entraider sans attendre en retour, à voir chaque individu comme une manifestation unique de la lumière divine. Pratiquez l'écoute attentive et l'expression sincère, en honorant la vérité de chaque être sans jugement.

Redécouvrez le pouvoir de la coopération. Imaginez ce que vous pourriez accomplir si vous unissiez vos forces, non pas dans un esprit de compétition, mais dans un élan commun vers l'harmonie et le bien-être de tous. Permettez à la compassion et au respect mutuel de guider vos interactions quotidiennes.

Rappelez-vous que, même si vous semblez parfois séparés par vos circonstances, vos cultures ou vos croyances, vous êtes tous reliés à la même Source Divine. En cultivant l'unité au sein de vos communautés, vous pouvez transformer vos sociétés et créer des espaces où l'amour, la paix et la lumière peuvent s'épanouir. L'esprit de solidarité, de respect et de coopération qui maintient l'harmonie au sein de la Nouvelle Lémurie, peut aussi être développé dans vos sociétés humaines de la surface. J'invite chacun de vous à appliquer ces principes dans votre propre vie quotidienne, pour créer un monde plus harmonieux et pacifique en faisant resplendir les valeurs originelles qui ont été voilées.

L'un des fondements essentiels de notre société est le partage de la connaissance. Il s'agit d'un pilier de notre vie communautaire. Dans La Nouvelle Lémurie, le savoir n'est pas détenu par quelques-uns, mais partagé librement entre tous. Nous croyons que l'éducation est un droit sacré et que chacun doit avoir accès aux enseignements, qu'ils soient spirituels ou pratiques.

Nos écoles ne sont pas seulement des lieux d'apprentissage intellectuel, mais aussi des centres d'éveil spirituel et d'épanouissement personnel. Dès le plus jeune âge, nos enfants sont éduqués dans l'amour et la bienveillance, avec une attention particulière portée à leur développement intérieur. Ils apprennent à lire et à écrire, mais également à ressentir la vie en eux et autour d'eux, à méditer, à se connecter à la Source Divine et à comprendre les lois universelles et originelles qui régissent l'équilibre du cosmos.

Chez nous, l'enseignement est collectif. Il n'y a pas de hiérarchie stricte entre les enseignants et les élèves, car nous reconnaissons que chacun, à tout âge, a quelque chose à apprendre et à enseigner. Les plus jeunes partagent souvent leurs intuitions et leur créativité avec les plus âgés, qui, en retour, leur transmettent leur sagesse et leur expérience. Cette transmission intergénérationnelle est une force puissante qui renforce les liens communautaires et assure la continuité de notre héritage spirituel et culturel.

Nous encourageons également la recherche collective. Lorsque de nouveaux défis surgissent ou que des questions importantes doivent être abordées, nous nous réunissons dans nos temples ou dans nos espaces de conseil pour méditer et réfléchir ensemble. Chaque voix est entendue, chaque perspective est honorée, et c'est dans cette harmonie d'intelligences collectives que nous trouvons les réponses les plus sages et les solutions les plus justes.

L'harmonie avec la nature est notre devoir sacré. Notre vie en communauté ne se limite pas aux interactions entre nous, les Lémuriens. Nous faisons partie intégrante du grand tissu de la vie, et nous entretenons des relations harmonieuses avec toutes les formes de vie qui partagent notre monde souterrain, qu'il s'agisse des animaux, des plantes ou des énergies subtiles qui traversent notre cité.

Nous avons conscience que la planète est un être vivant, et nous nous efforçons de vivre en harmonie avec elle, en respectant ses rythmes naturels et en protégeant ses ressources. Nos cités, bien que vastes et sophistiquées, sont construites en parfaite symbiose avec la Terre. Chaque structure est conçue pour respecter et renforcer les énergies naturelles, plutôt que de les perturber.

Nous vous invitons, chers frères et sœurs de la surface, à redécouvrir cette connexion sacrée avec la nature. Nous vous le répétons, apprenez à vivre en respectant la Terre, à écouter ses besoins et à agir en tant que gardiens de son équilibre. L'harmonie sociale commence par l'harmonie avec la nature. En prenant soin de votre environnement, vous créez également les conditions d'une vie communautaire plus saine et plus équilibrée.

En fin de compte, notre vie en communauté est guidée par deux principes centraux : l'Amour et la Gratitude. Ils sont les fondements de notre *vivre ensemble.* Chaque jour, nous cultivons ces qualités dans nos cœurs et dans nos interactions.

L'amour que nous nous portons les uns aux autres n'est pas limité aux liens familiaux ou d'amitié, il s'étend à tous les membres de notre communauté, qu'ils soient connus ou non, proches ou éloignés. Nous voyons l'essence divine en chacun et c'est cette reconnaissance qui nous permet de vivre ensemble dans une telle harmonie.

La gratitude est également une pratique quotidienne chez nous. Nous remercions la Source Divine pour tout ce qui nous est donné : la nourriture qui nous nourrit, l'air que nous respirons, la lumière qui éclaire notre chemin. Nous reconnaissons que rien de ce que nous avons ne nous appartient vraiment, tout est un don de la Source Divine et c'est dans cet esprit de gratitude que nous prenons soin de tout ce qui nous entoure.

Nous vous encourageons, vous qui vivez à la surface, à adopter ces pratiques dans vos propres vies. Elles sont si simples et pourtant tellement puissantes et bénéfiques. Cultivez l'amour dans chaque interaction, même avec ceux qui semblent différents de vous. Apprenez à remercier pour chaque bénédiction, grande ou petite, et voyez comment cette simple attitude peut transformer vos relations, votre environnement et même votre propre cœur. L'amour et la gratitude sont les clés de la paix, et en les pratiquant, vous pouvez créer des communautés plus fortes, plus aimantes et plus harmonieuses.

Chers frères et sœurs de la surface, je vous invite à réfléchir à tout ce que je vous ai partagé. Vous n'êtes pas seuls dans votre quête de paix et d'harmonie. Nous, Lémuriens, sommes vos alliés dans ce chemin vers un monde nouveau, un monde où la coopération, le respect et l'amour sont au cœur de la vie collective. Lorsque l'Émergence aura lieu, nous construirons ensemble un nouveau futur. Vous devez dès à présent le préparer.

Imaginez ce que vous pourriez accomplir si vous, habitants de la surface, mettiez en pratique ces mêmes principes d'harmonie communautaire. Votre monde pourrait devenir un lieu de paix,

où les conflits seraient résolus par la sagesse, où les ressources seraient partagées avec équité et où l'amour règnerait en maître. Nous croyons en vous et nous savons que vous avez la capacité de créer cette réalité.
Unissez vos cœurs, vos esprits et vos forces pour bâtir des communautés fondées sur la lumière et l'amour. Nous vous soutenons dans cette grande œuvre, et nous savons qu'ensemble, vous depuis la surface et nous depuis l'intraterre, nous pouvons contribuer à l'avènement d'une nouvelle ère de lumière pour toute la planète.
Je souhaite de tout mon cœur que votre quotidien puisse devenir aussi pacifique et joyeux que le nôtre.

Le voyage de l'âme et la réalisation de soi par Sha'an

Aujourd'hui, j'aimerais vous parler de ce que nous, dans la Nouvelle Lémurie, considérons comme l'un des mystères les plus sacrés et les plus profonds de l'existence : le voyage de l'âme à travers une vie unique. Contrairement à certaines autres cultures, nous ne croyons pas en la réincarnation, mais nous avons une compréhension particulière de l'évolution spirituelle, qui s'accomplit pleinement au cours de cette seule vie que nous avons sur cette Terre.

Nous voyons la vie comme une opportunité divine, une chance unique qui nous est donnée de manifester notre pleine essence spirituelle, d'harmoniser notre être avec les lois originelles de la Source Divine et de réaliser le potentiel divin inscrit au plus profond de notre âme. Chaque âme, au moment de son incarnation, porte en elle les semences d'une destinée sacrée. C'est à travers le cheminement de la vie que ces semences germent, grandissent et s'épanouissent, pour révéler la splendeur de l'âme.

Le voyage de l'âme est un véritable processus de purification et de réalisation. Ce voyage commence dès la naissance, lorsque l'âme fait son entrée dans le monde matériel. Dès cet instant, chaque expérience, chaque relation, chaque défi rencontré devient une leçon de vie, une étape dans la réalisation de soi. Chaque être porte en lui des qualités divines, mais aussi des ombres, des blessures et des conditionnements issus de son environnement, de son passé et des énergies collectives de l'Humanité.

Pour nous, le voyage de l'âme consiste principalement en une purification intérieure. Nous croyons que notre mission principale, dans cette vie, est de transmuter les énergies dissonantes qui ont pu s'accumuler en nous et autour de nous et de vivre en accord avec les principes des origines qui nous ont été données par la Source Divine de toute la Création. Cela signifie qu'au cours de notre existence, nous sommes invités à faire face à nos ombres, à les reconnaître avec amour et à les élever vers la lumière. En transcendant nos peurs, nos doutes, nos déséquilibres émotionnels et mentaux, nous permettons à l'âme de rayonner avec pureté et clarté.

Ce processus de purification spirituelle est indispensable pour que l'âme puisse atteindre sa pleine réalisation. Nous voyons cette purification comme un retour à l'état d'innocence et de pureté originelle, un chemin de réconciliation avec notre propre divinité intérieure. Chaque défi que nous rencontrons est une invitation à éveiller davantage de lumière en nous, à manifester plus de paix, plus de sagesse et plus d'amour.

L'évolution spirituelle de l'âme, pour nous Lémuriens, est intrinsèquement liée à l'harmonie avec les lois universelles. Ces lois, qui sont les principes originels régissant l'équilibre du cosmos, nous guident tout au long de notre existence. En nous alignant avec elles, nous permettons à notre âme de s'élever à son plus haut potentiel.

Les lois universelles sont nombreuses, mais l'une des plus importantes est celle de la vibration. Tout dans l'univers est vibration, et chaque pensée, chaque émotion, chaque action émet une fréquence particulière. En cultivant des vibrations élevées, celles de l'amour, de la gratitude, de la paix et de l'harmonie, nous favorisons l'élévation de notre âme. De la même manière, les vibrations plus basses, telles que la peur, la colère ou la jalousie, doivent être reconnues, transmutées et intégrées dans la lumière pour ne plus entraver notre chemin spirituel.

Nous enseignons à nos jeunes l'importance de la *cohérence énergétique*, c'est-à-dire l'alignement entre ce que nous pensons, ce que nous ressentons et ce que nous faisons. Lorsque cet alignement est atteint, notre âme entre en résonance avec les lois divines et nous progressons rapidement sur le chemin de la réalisation de soi.

Le voyage de l'âme ne s'arrête pas à la purification. L'objectif final est de réaliser, au plus profond de notre être, que nous sommes une expression de la Source Divine et que sans elle nous ne pourrions pas exister. Cette réalisation de soi est ce que nous appelons l'illumination, un état dans lequel l'âme reconnaît pleinement sa nature divine et vit en harmonie totale avec elle.

Ce moment d'illumination est le point culminant du voyage spirituel. Il ne se produit pas d'un seul coup, mais est plutôt le résultat d'une croissance continue, d'une série de révélations intérieures qui se manifestent au fil du temps. À chaque étape de notre évolution, nous devenons plus conscients de notre essence divine et cette conscience nous permet de vivre plus pleinement, avec un cœur ouvert et une paix intérieure profonde.

Lorsque nous atteignons cette réalisation, nous comprenons que nous ne faisons qu'un avec la Source Divine. Nous cessons de nous identifier à notre individualité séparée et reconnaissons que nous sommes des extensions de l'amour divin, des canaux par lesquels la lumière de la Source Divine s'exprime dans le monde. Cela ne signifie pas que nous perdons notre identité, mais plutôt que nous l'intégrons dans une conscience supérieure, où nous voyons clairement que notre vraie nature est la lumière, l'amour et la paix.

Enfin, vivre en accord avec le Plan Divin est primordial. Il est important de comprendre que ce voyage de l'âme est en parfaite résonance avec le Plan Divin. Nous croyons que chaque âme a un rôle à jouer dans l'équilibre universel et que la réalisation de soi contribue non seulement à notre propre élévation spirituelle, mais aussi à l'évolution collective de l'Humanité et de toute la Création.

En réalisant notre potentiel divin, nous devenons des phares de lumière pour les autres, illuminant le chemin de ceux qui sont encore en quête de leur propre vérité. Cette réalisation individuelle est également une contribution à l'harmonie cosmique, car chaque âme réalisée élève la vibration globale de l'univers.

Chers frères et sœurs de la surface, c'est un appel important que je vous lance aujourd'hui. Je vous invite à considérer votre propre voyage de l'âme. Voyez chaque défi comme une opportunité de croissance, chaque expérience comme une chance d'élever votre vibration. Ne cherchez pas à fuir vos ombres, mais accueillez-les avec amour, car c'est en les transmutant que vous trouverez votre véritable lumière.

Souvenez-vous que vous n'avez qu'une seule vie pour accomplir cette grande œuvre de réalisation de soi. Chaque instant est précieux, chaque pas que vous faites sur ce chemin vous rapproche de la pleine expression de votre essence divine. Je vous encourage à marcher avec confiance, à vivre en harmonie avec les lois universelles et à laisser la lumière de votre âme briller de tout son éclat.

Nous, depuis la grande cité de la Nouvelle Lémurie, sommes avec vous dans ce voyage. Nous vous soutenons dans votre quête de lumière et de vérité et nous vous envoyons notre amour et notre guidance pour vous accompagner sur ce chemin sacré.

Les Technologies Sacrées de la Nouvelle Lémurie par Telya

Je suis Telya, Gardienne des Technologies Sacrées de la Nouvelle Lémurie, et je m'adresse à vous avec un cœur empli de joie et de gratitude envers la vie. Aujourd'hui, je souhaite vous révéler une partie de nos savoirs anciens, des technologies spirituelles que nous avons développées et perfectionnées au cours des millénaires. Contrairement à ce que vous pourriez concevoir comme des technologies dans votre monde, nos technologies sont vivantes, organiques pourrais-je dire, intégrées à la nature et à l'univers, et elles fonctionnent en parfaite harmonie avec les lois originelles et l'énergie divine.
Nous utilisons ces technologies non seulement pour notre confort, mais surtout pour maintenir l'équilibre spirituel, énergétique et environnemental de notre civilisation. Chaque cristal, chaque dispositif, chaque outil énergétique que nous employons a pour but de guérir, de prospérer et de manifester la paix universelle. Aujourd'hui, je vous parlerai de quelques-unes de ces technologies sacrées qui représentent des créations puissantes et subtiles qui pourraient un jour être révélées à l'Humanité lorsque votre monde sera prêt à les accueillir avec un cœur pur et un esprit éveillé dénué de toute volonté égotique.

L'Orbe de Kal'Thir

L'Orbe de Kal'Thir est l'une de nos plus anciennes et respectées technologies. Il s'agit d'une sphère cristalline, forgée à partir des cristaux luminiques d'Azura que nous avons préservés après l'engloutissement de Mu et qui sont capables de capter et d'amplifier les vibrations de guérison émanant de la Source Divine. L'Orbe de Kal'Thir est un outil de guérison spirituelle et énergétique utilisé dans les Temples sacrés.

Lorsque l'Orbe est activé, il émet une lumière irisée et des ondes de résonance subtile qui équilibrent les centres énergétiques du corps et restaurent l'harmonie intérieure. Cette technologie peut purifier les champs énergétiques des individus, transmuter les énergies discordantes et réaligner l'âme avec sa vibration originelle. Elle est utilisée pour guérir les blessures physiques, émotionnelles et spirituelles, apportant à l'utilisateur une profonde paix intérieure.

Cependant, l'Orbe de Kal'Thir n'est pas uniquement un outil de guérison individuelle. Lorsqu'il est utilisé collectivement dans les temples, il a la capacité d'élever la fréquence vibratoire de toute une communauté afin d'unifier les âmes et d'augmenter la cohésion spirituelle. Nous l'utilisons également pour harmoniser les flux d'énergie planétaire, aidant ainsi notre Terre à se stabiliser après les perturbations causées par les catastrophes géologiques ou l'activité humaine.

Le Miroir d'Elan'Shah

Le Miroir d'Elan'Shah est un dispositif très particulier qui permet la révélation des vérités cachées. Composé de cristaux liquides aux propriétés multidimensionnelles, ce miroir est utilisé pour explorer l'âme et l'esprit à travers des couches profondes de conscience. Lorsque l'on se tient devant le Miroir d'Elan'Shah, il reflète non pas votre apparence physique, mais la vérité de votre être intérieur.

Le Miroir est souvent employé lors des rites initiatiques et des périodes de purification spirituelle afin d'aider les individus à faire face à leurs ombres, leurs peurs et leurs blocages intérieurs. En révélant ces aspects cachés de l'âme, il offre à chacun l'opportunité de les reconnaître, de les accepter et de les transcender pour accéder à un niveau supérieur de conscience. C'est un outil qui favorise une transformation intérieure profonde et qui permet d'atteindre des états d'illumination en dissolvant les illusions de l'ego.

Le Miroir d'Elan'Shah a également une fonction plus vaste. Il peut être utilisé pour observer les énergies d'une région ou d'un lieu. Les Gardiens de notre cité l'emploient pour identifier les déséquilibres énergétiques à l'échelle planétaire et aider à orienter les soins nécessaires pour restaurer l'harmonie dans ces zones. Le Miroir nous permet d'être en communion avec la Terre, de ressentir ses besoins, et de travailler pour sa guérison.

Les Colonnades d'Elys'Thar

Les Colonnades d'Elys'Thar sont des piliers cristallins situés dans nos sanctuaires, connectés aux énergies du cœur de la Terre et aux forces cosmiques. Ces colonnades ne sont pas de simples monuments, mais des antennes énergétiques qui canalisent et stabilisent les énergies universelles et les forces originelles. Elles fonctionnent en tant que réseaux énergétiques permettant de maintenir la paix et l'équilibre dans la cité, ainsi que de protéger notre environnement des fluctuations énergétiques extérieures.

Chaque colonnade vibre à une fréquence spécifique et diffuse une énergie curative dans l'atmosphère environnante. Elles sont aussi employées lors des cérémonies de groupe, où leur énergie est amplifiée par des chants sacrés, des prières et des méditations collectives. L'effet est une expansion de la conscience collective vers des états plus élevés de paix, de joie et d'unité.

Les Colonnades d'Elys'Thar ont une autre fonction cruciale : elles servent de canaux de communication entre notre cité et les autres communautés de l'intraterre et même avec certains plans multidimensionnels de l'existence. Ces piliers émettent des ondes vibratoires qui voyagent à travers le réseau énergétique planétaire, permettant aux cités lémuriennes de rester en contact et de coopérer pour maintenir l'équilibre global.

Le Cristal Luméen

Le Cristal Luméen est l'un de nos dispositifs les plus précieux, lié à la manifestation consciente. Ce cristal, d'une pureté exceptionnelle, est utilisé pour matérialiser les intentions. Lorsqu'un nous méditons en groupe autour du Cristal Luméen, en visualisant et en harmonisant nos pensées, nous sommes capables de manifester la paix, la prospérité et la guérison dans notre communauté.

Ce cristal fonctionne comme un résonateur de conscience, amplifiant les pensées et les intentions collectives et les transformant en réalité physique. Ainsi, nous l'utilisons pour construire nos édifices, guérir les régions endommagées de la planète et maintenir un flux constant de prospérité pour nos habitants. Il est un exemple parfait de la manière dont nos technologies spirituelles sont profondément liées à la force créatrice de l'esprit.

Nous croyons que le Cristal Luméen pourrait un jour être révélé aux humains, lorsque votre conscience collective sera suffisamment élevée pour l'utiliser à des fins de paix, d'amour et de prospérité pour tous. Sa puissance est telle qu'il ne peut être activé que par ceux dont le cœur et l'esprit sont alignés avec les principes divins d'unité et d'harmonie.

Le Chant d'Atlharin

Le Chant d'Atlharin est une technologie sacrée qui repose sur les principes du son vibratoire. Atlharin est le nom donné à un dispositif cylindrique composé d'un alliage rare de cristaux et de métaux lémuriens provenant de la terre originelle de Mu, capables d'émettre des fréquences sonores extrêmement pures, inaudibles pour l'oreille humaine mais ressenties au niveau de l'âme et des cellules.

Cet instrument est utilisé dans nos temples lors des cérémonies de régénération collective. En activant le Chant d'Atlharin, une onde sonore traverse la cité et les espaces environnants,

harmonisant les fréquences des êtres vivants et des environnements. Ce son rééquilibre les énergies, régénère les champs vibratoires affaiblis et restaure un sentiment de profonde sérénité intérieure.
Nous considérons que ces sons sacrés agissent sur des niveaux plus profonds de la réalité, touchant des dimensions invisibles qui interagissent avec la matière. Le Chant d'Atlharin peut également être utilisé pour guérir des écosystèmes, apaiser des courants énergétiques perturbés et prévenir les désastres naturels. En résonnant avec les vibrations subtiles de la Terre, il stabilise les fluctuations énergétiques et favorise la paix et la prospérité.

Les Arches d'Oréon

Les Arches d'Oréon sont une porte énergétique reliant différentes dimensions et niveaux de conscience. Elles se trouvent dans certains temples spécifiques et sont utilisées par les Gardiens et certains membres du Conseil pour voyager consciemment entre les dimensions. Ces arches, faites de pierres luminescentes et de cristaux capables de capter les flux dimensionnels, permettent des transferts énergétiques d'une dimension à l'autre, ouvrant ainsi des passages pour les âmes et les énergies.
Ces passages ne sont pas des portails physiques mais des vortex spirituels qui, une fois activés, permettent aux initiés de voyager à travers les couches de l'univers pour ramener des informations, des énergies de guérison ou des connaissances provenant de plans de conscience plus élevés. Les Arches d'Oréon sont souvent employées lors des rituels de purification ou pour établir des connexions télépathiques avec d'autres cités spirituelles au-delà de la Terre.
Ces arches servent également de liens sacrés entre notre monde souterrain et des lieux spécifiques de la surface qui nécessitent un rééquilibrage énergétique. En concentrant les flux d'énergie

provenant de dimensions supérieures, nous pouvons envoyer des ondes d'harmonie vers ces lieux, favorisant leur guérison à distance.

La Sphère de Lothaniel

La Sphère de Lothaniel est un instrument complexe et multidimensionnel qui concentre et transforme l'énergie solaire en une forme d'énergie spirituelle pure. Ce dispositif est utilisé pour maintenir un équilibre énergétique constant dans notre cité, assurant que les champs vibratoires de chaque être, ainsi que ceux de la communauté dans son ensemble, soient constamment nourris par la lumière divine.

La Sphère est activée à des moments spécifiques, généralement à l'aube ou au crépuscule, lorsqu'elle capte et transforme les rayons solaires en fréquences de lumière dorée. Cette lumière dorée, une fois amplifiée, est ensuite diffusée à travers des réseaux énergétiques cristallins qui parcourent la cité souterraine, formant une grille protectrice autour de nos habitations, de nos temples et des lieux sacrés.

La Sphère de Lothaniel peut également être utilisée pour des soins spirituels collectifs, lorsqu'une communauté entière doit être réénergétisée après un événement important ou pour soutenir des efforts de guérison à grande échelle. Sa lumière est douce, mais extrêmement puissante car elle pénètre les êtres vivants à travers la globalité de leur champ aurique, régénérant non seulement leurs corps physiques mais aussi leurs âmes et leurs esprits. Cette technologie est intimement liée à notre compréhension de l'énergie cosmique et solaire, qui sont des expressions de la lumière divine manifestée dans notre réalité.

Ces technologies que je vous décris ne sont qu'un aperçu des merveilles que nous avons créées dans le respect des lois originelles et de la Source Divine. Elles sont des extensions de notre conscience collective et incarnent notre engagement à

servir la Lumière et à préserver l'harmonie originelle. Un jour, lorsque votre civilisation aura atteint un niveau de compréhension suffisant, vous pourrez également accéder à ces formes de savoirs sacrés. Nos technologies sont un pont vers l'avenir pour votre Humanité.
Pour l'instant, nous espérons que ces partages vous inspireront à cultiver la paix intérieure, la guérison collective, et à élever vos âmes pour entrer en résonance avec les fréquences supérieures de l'univers.
En vous reliant à la Lumière Divine, en respectant la Terre et en cultivant votre pureté intérieure, vous pouvez déjà commencer à éveiller des technologies spirituelles en vous, des forces créatrices naturelles qui ne demandent qu'à s'épanouir.

Ces technologies sacrées sont un cadeau de la Source Divine, elles nous rappellent que l'Humanité est capable de créer des merveilles lorsqu'elle est en harmonie avec les forces originelles universelles. Un jour, ces technologies pourront être partagées avec la surface, lorsque l'Humanité aura atteint un niveau de conscience où elles pourront être utilisées pour le bien commun. Nous nous en réjouissons déjà.
Les outils de guérison, de manifestation et de protection que nous employons ne sont pas là pour exploiter ou contrôler, mais pour servir la Lumière et élever les âmes. Nous vous encourageons à explorer la puissance de vos propres technologies spirituelles que sont la méditation, la visualisation, l'intention pure et l'amour inconditionnel, car elles constituent un socle solide pour accueillir les technologies sacrées de votre futur.
Ces mêmes forces qui sont les nôtres sont aussi en chacun de vous, et le moment venu, vous serez prêts à éveiller ces pouvoirs latents et à collaborer avec nous pour manifester un monde d'harmonie, de paix et d'unité. Soyez bénis, chers amis de la surface. Le chemin vers la révélation et l'unité est devant vous.

L'ADN éveillé et le génome divin originel par Thaerion, Gardien des Codes de Vie

Chères âmes de la surface,
Il me tient à cœur de vous partager un aspect fondamental de notre être en tant que Lémuriens de la Nouvelle Lémurie : notre ADN. Vous qui vivez à la surface, vous possédez un ADN qui comporte deux brins principaux, mais sachez que cela ne représente qu'une infime partie du potentiel génétique qui sommeille en vous. Dans notre civilisation, notre ADN est entièrement activé, composé de douze brins, ce qui nous relie à notre génome divin originel.
Contrairement à l'ADN bipartite des humains de la surface, notre ADN possède une architecture complexe, une structure multidimensionnelle qui résonne avec les énergies cosmiques et la lumière divine. Chaque brin supplémentaire est un vecteur de conscience et d'énergie divine qui encode non seulement des informations biologiques, mais aussi des connaissances spirituelles et des capacités latentes qui nous relient à l'univers dans son ensemble.
Nos douze brins d'ADN sont interconnectés, formant une structure hélicoïdale beaucoup plus riche et vibrante que ce que l'on peut observer chez les êtres humains modernes. Chaque brin est relié à une facette spécifique de la Création divine et de la réalité cosmique, activant en nous des capacités non seulement physiques mais également énergétiques, telles que la télépathie, la régénération cellulaire avancée, la communication interdimensionnelle et l'harmonisation directe avec les lois universelles des origines.
Sur le plan biologique, les douze brins de notre ADN sont beaucoup plus que des chaînes d'acides nucléiques organisées en double hélice. Ils forment une matrice holographique complexe, dans laquelle chaque brin vibre à une fréquence particulière, en

harmonie avec l'ensemble des énergies universelles des origines. Cette matrice est imbriquée dans ce que vous appelleriez des dimensions parallèles, des niveaux d'existence plus subtils que la simple matière.

Chaque brin contient des séquences génétiques qui ne sont pas uniquement destinées à coder les protéines biologiques, mais à transmettre des fréquences énergétiques. Cela nous permet de moduler consciemment notre environnement, de maintenir une harmonie cellulaire parfaite et d'accéder à des plans supérieurs de réalité par la vibration et les hautes fréquences de lumière.

Ce que vous appelez l'ADN « non-codant » ou l'ADN « poubelle » dans vos études scientifiques actuelles représente, en fait, des séquences génétiques dormantes, des potentiels enfouis qui ne demandent qu'à être activés. Dans notre peuple, ces codes latents ont été entièrement réactivés, nous permettant de nous aligner avec notre véritable nature divine originelle.

Cette activation génétique des douze brins ne s'est pas produite de manière instantanée dans notre histoire. Il a fallu des milliers d'années d'évolution consciente et d'alignement avec les lois cosmiques pour que tous les brins soient pleinement éveillés. Au fur et à mesure que nous nous sommes détachés des limitations physiques et que nous avons intégré les fréquences lumineuses supérieures, chaque brin s'est éveillé pour nous reconnecter à notre essence originelle pure et parfaite.

Cette activation est un processus à la fois spirituel et biologique. Elle se produit par l'interaction avec certaines énergies sacrées, notamment celles des cristaux des origines et des ondes vibratoires spécifiques qui agissent directement sur les structures génétiques. Lorsque chaque brin est activé, il forme un pont énergétique entre les plans de conscience les plus élevés et la manifestation physique.

Chacun des dix brins supplémentaires de notre ADN correspond à un aspect particulier de l'être et du cosmos :

Le brin de la Souveraineté Cosmique relie l'âme à son origine divine et permet une connexion directe avec la Source Divine originelle.

Le brin de la Maîtrise Énergétique confère la capacité de manipuler consciemment les énergies autour de nous, d'harmoniser les champs énergétiques et de projeter des ondes curatives.

Le brin de la Connaissance Divine permet l'accès aux archives akashiques de la matrice terrestre et aux mémoires de l'univers.

Le brin de la Communauté Universelle active la télépathie universelle, la communication avec d'autres civilisations et dimensions.

Le brin de la Perception Multidimensionnelle ouvre les portails vers d'autres dimensions et permet d'y naviguer en conscience avec notre corps physique ou éthéré.

Le brin de la Régénération facilite la régénération cellulaire, prolongeant la durée de vie en maintenant la santé parfaite.

Le brin de l'Intégration Lumineuse favorise l'assimilation de la lumière divine au sein de chaque cellule, augmentant la fréquence vibratoire de l'être.

Le brin de l'Amour Universel éveille la compassion pure et l'amour inconditionnel, essentiels à l'évolution spirituelle.

Le brin de la Création Sacrée aligne les capacités créatives avec la volonté divine, permettant de co-créer avec l'univers.

Le brin de la Maîtrise du Temps ouvre la perception au-delà de la linéarité du temps, permettant une vision quantique de la réalité.

Bien que votre ADN soit encore limité à deux brins pleinement fonctionnels, sachez que vous avez en vous les germes d'une grandeur cosmique. Les autres brins, bien qu'inactifs pour le moment, sont présents dans une forme dormante. En renouant avec votre essence divine, en cultivant la pureté spirituelle et en vous alignant avec les lois originelles, vous avez la capacité de commencer à réactiver ces brins cachés, ce qui éveillera en vous des capacités latentes qui attendent d'être manifestées.

Les changements que vous traversez sur la surface de la Terre en ce moment sont autant d'occasions de vous éveiller à votre ADN sacré originel, de permettre à la lumière de transmuter vos anciennes limitations et de commencer à activer ces fréquences divines en vous. Mais cela ne doit pas se faire de n'importe quelle façon et nous observons que certains d'entre vous se laissent facilement berner par des méthodes et des techniques alléchantes qui promettent une réactivation de l'ADN sacré. En vérité, la clé réside dans la purification intérieure, l'élévation de vos vibrations et le retour à une vie en harmonie avec l'univers. Cela est beaucoup plus simple que ce que vous croyez.

Je vous invite à voir votre ADN non pas comme un simple code biologique, mais comme un véhicule sacré pour manifester la lumière divine sur Terre. En éveillant progressivement votre potentiel génétique, vous pourrez entrer dans un nouveau chapitre de votre évolution, aligné sur votre véritable nature et votre mission originelle.

Je désire approfondir avec vous la compréhension des secrets cachés au sein de notre ADN lémurien et vous révéler certains aspects encore plus subtils de cette structure divine. En tant que Gardien des Codes de la Vie, il me revient de protéger et de transmettre ces enseignements et connaissances des origines, que je partage aujourd'hui pour éclairer votre chemin vers une évolution plus haute.

Les codons lumineux et les spirales d'énergie

Nos douze brins d'ADN ne sont pas simplement des hélices de bases nucléiques comme l'adénine, la thymine, la guanine et la cytosine, mais sont imprégnés de codons lumineux, des segments d'énergie vibratoire à haute fréquence. Ces codons, bien plus nombreux que ceux de l'ADN bipartite des humains de la surface, renferment non seulement des informations biologiques mais aussi des instructions spirituelles, inscrites dans des séquences que nous appelons les *Hélixes Stellaires*.
Ces Hélixes Stellaires sont des boucles énergétiques d'une complexité infinie, chacune agissant comme un vortex d'énergie divine qui relie notre corps physique à des plans de conscience plus élevés. Les bases nucléiques qui composent notre ADN vibrent à une fréquence bien plus haute, ce qui leur permet de se réorganiser en permanence pour s'ajuster aux variations cosmiques, aux rayonnements stellaires et aux courants énergétiques provenant de la Source Divine.

Les brins sacrés et les codages originels

Chacun des douze brins contient ce que nous appelons des codages originels, des séquences spécifiques formées de groupes d'atomes luminescents qui émettent des ondes d'énergie subtile. Ces ondes interagissent avec les forces électromagnétiques de l'univers, nous permettant de synchroniser notre être avec les rythmes cosmiques. Ces codages fonctionnent sur le principe d'*holographie génétique*, où chaque partie contient le tout, permettant à chaque brin d'ADN de refléter la perfection et l'harmonie de la Création divine.
Les codons luminescents sont organisés en clusters, ou ce que nous appelons des Glyphes Cosmiques. Ces glyphes

représentent des schémas d'énergie spécifique qui influencent les aspects de notre corps, notre esprit et notre lien avec l'univers. Par exemple, dans le sixième brin, ces glyphes activent la régénération cellulaire en stimulant directement la synthèse des atomes de lumière au sein des cellules, accélérant ainsi le renouvellement tissulaire et prolongeant notre longévité.

L'interaction des énergies subtiles avec l'ADN

Nos brins d'ADN interagissent également avec des particules subatomiques que vous n'avez pas encore découvertes dans vos recherches scientifiques. Nous appelons ces particules les Chronotrons et les Héliatons. Les Chronotrons sont des particules temporelles qui agissent sur la fluidité du temps dans nos cellules, permettant à nos organismes de ne pas subir les effets de l'usure temporelle comme c'est le cas pour vous, habitants de la surface. Cela explique notre longévité exceptionnelle, car le temps ne s'écoule pas de la même manière pour nous : il est fluide et s'ajuste en fonction de notre alignement spirituel.

Les Héliatons, quant à eux, sont des particules énergétiques directement liées à l'absorption de la lumière cosmique. Elles amplifient l'énergie au sein des chromosomes éthériques, des structures invisibles qui agissent comme des amplificateurs des vibrations cosmiques. Lorsque nous méditons, ces Héliatons activent des portails énergétiques au sein de notre ADN, nous permettant de nous reconnecter à notre source d'origine, la flamme divine, qui réside dans l'essence de chaque être.

Les seuils d'activation des brins dormants

Pour vous, humains de la surface, une partie de votre ADN est dite « dormante ». Cependant, les seuils d'activation de ces brins existent et ils sont en attente d'être éveillés. Ces seuils sont sensibles aux rayonnements solaires et stellaires, aux vibrations spirituelles, et surtout à l'élévation de vos fréquences intérieures.

Lorsque vous accédez à des états de conscience supérieurs par la méditation, la pureté de cœur, ou la résonance avec les lois divines, vous commencez à activer certains codons de ces brins latents.
Par exemple, chez vous, les brins dormants sont constitués de segments que nous appelons des *Fractales de Lumière Latente*. Ce sont des segments qui, bien qu'inactifs pour la plupart, sont réactifs aux résonances divines. Lorsqu'ils sont stimulés par des pratiques spirituelles profondes, ces fractales de lumière commencent à vibrer et à réactiver des segments codants qui permettent de restaurer des capacités perdues telles que l'auto-guérison, l'expansion de la conscience ou encore la connexion télépathique.

Les potentiels du génome divin originel
Enfin, il me semble essentiel de vous partager que notre génome divin originel est un modèle de perfection qui est inscrit dans le code de l'univers lui-même. Ce modèle existe également en vous, bien que votre ADN ne soit pas encore pleinement réactivé. Ce modèle divin est ce que nous appelons l'*Étoile Généalogique Originelle*, un schéma énergétique inscrit au plus profond de chaque cellule vivante, portant en lui les fréquences parfaites de l'union avec la Source Divine.
L'Étoile Généalogique Originelle est formée de douze points de lumière qui correspondent à vos douze brins d'ADN, même s'ils sont pour la plupart dormants chez vous. Cette étoile est à la fois votre potentiel génétique et votre chemin spirituel. Lorsque vous la réveillez, vous commencez à manifester des capacités supérieures et à vous reconnecter à l'essence originelle de votre âme. Ces points lumineux agissent comme des amplificateurs quantiques, permettant d'accroître votre vibration et de résonner avec les hautes fréquences de la Création.
Ces enseignements sur notre ADN sacré sont offerts avec l'espoir qu'ils éveillent en vous le désir de reconnecter avec

votre propre génome divin originel. Nous croyons fermement que le potentiel pour activer vos douze brins est en vous, et qu'à mesure que vous élèverez votre conscience et ouvrirez vos cœurs à la lumière divine, vous commencerez à éveiller ces codes dormants.

Avec tout l'amour et la sagesse de nos ancêtres, nous vous invitons à explorer ce voyage de transformation, sachant que l'univers soutient chaque pas que vous faites vers la réactivation de votre potentiel divin.

Que la lumière de la Source Divine brille toujours sur votre chemin.

Nos instruments de cristal et la musique sacrée lémurienne par Myraya, Gardienne des Harmonies Cristallines

Bien-aimés frères et sœurs de la surface,
Permettez-moi de vous parler de ce que nous, Lémuriens, appelons la Musique Sacrée Lémurienne. Elle est bien plus qu'un simple assemblage de sons : elle est la vibration divine qui résonne avec les lois originelles et qui élève nos âmes vers les plus hauts niveaux de conscience. Avec la prière, la musique est l'un des outils les plus puissants que nous possédons pour communiquer avec la Source Divine et maintenir l'harmonie au sein de notre peuple et de la planète entière.
Nos instruments de musique ne sont pas fabriqués à partir de matériaux conventionnels, mais sont taillés dans des cristaux purs et vivants, chacun possédant une signature vibratoire unique. Ces cristaux sont en harmonie avec les énergies de la Terre, du Cosmos et de la Source Divine, ce qui permet à nos sons de pénétrer au plus profond des êtres et de toucher l'essence de leur âme.
L'un de nos instruments les plus anciens et les plus sacrés est le **Syrinthara**, une harpe cristalline aux cordes lumineuses. Ces cordes sont faites de fils éthériques tissés à partir de la lumière stellaire, et lorsque les doigts effleurent ces fils, une onde sonore multidimensionnelle se déploie dans l'espace, pénétrant à la fois le corps physique, mental et spirituel. Chaque note jouée sur le Syrinthara entre en résonance avec les plans de la Création et éveille en nous des mémoires ancestrales qui nous relient à la Source Divine.
Nous utilisons aussi le **Calmorion**, un ensemble de tubes cristallins suspendus, d'apparence semblable à des orgues célestes. Ces tubes, formés dans les montagnes de l'intraterre, émettent des harmoniques profondes lorsque frappés doucement avec des maillets en quartz. Le Calmorion est souvent utilisé

lors de nos cérémonies de guérison collective et pour harmoniser les énergies des lieux sacrés. Ses sons sont capables de réaligner les méridiens énergétiques de la planète et d'ouvrir des portails vibratoires menant à des dimensions plus élevées.

Le **Tylaris**, un autre instrument sacré lémurien, ressemble à un xylophone en cristal, mais ses plaques sont imprégnées d'éléments alchimiques tels que l'or et l'améthyste. Chaque touche du Tylaris produit des sons qui s'ajustent aux énergies cosmiques et originelles. Lorsque nous jouons cet instrument, ses vibrations transforment et transmutent les énergies discordantes en pure lumière. Il est utilisé pour purifier l'esprit, guérir les maux du cœur et rétablir l'équilibre dans tout l'être.

La musique sacrée lémurienne est aussi une porte vers la conscience supérieure car la conscience est en élévation constante vers la pure lumière de la Source Divine. En émettant des fréquences précises, nous nous connectons à des flux énergétiques universels qui élèvent notre être vers des niveaux de conscience plus profonds. Chaque vibration musicale est une clé vibratoire qui ouvre les portes vers des réalités spirituelles nouvelles. En synchronisant nos âmes avec ces fréquences, nous entrons dans des états d'unité avec la Source Divine où les limitations terrestres disparaissent et où nous faisons l'expérience de l'infini.

Le **Naelys**, par exemple, est un instrument composé de sphères cristallines suspendues à différentes hauteurs. Ces sphères vibrent en résonance avec des cordes d'énergies subtiles, invisibles à l'œil nu. Lorsque le Naelys est joué, il génère une onde de résonance harmonique qui enveloppe l'auditeur, l'amenant dans un état de profonde méditation et d'alignement intérieur. Cet état permet de franchir des seuils de conscience et d'entrer en communion directe avec la flamme divine au plus profond de notre être.

La musique sacrée lémurienne est également un outil de guérison. Les sons sont de véritables vibrations de lumière capables de rétablir l'équilibre à tous les niveaux de l'être. Lorsque nous jouons de la musique dans nos Temples de Guérison, nous harmonisons les fréquences perturbées et réalignons les corps subtils. Chaque note jouée est conçue pour entrer en résonance avec des centres d'énergie spécifiques et permettre à l'énergie de circuler librement.
Le **Velathos** est un autre instrument curatif utilisé pour ce processus. Il se compose d'un disque cristallin, semblable à un gong, qui vibre à des fréquences thérapeutiques. Lorsqu'il est activé, le Velathos émet des ondes sonores qui pénètrent en profondeur dans les corps énergétiques et dissolvent les blocages émotionnels et mémoriels. Cette harmonisation permet la restructuration des matrices énergétiques et déclenche un processus de guérison à la fois physique et spirituel.

Enfin, notre musique ne se limite pas aux instruments seuls. Nos voix sont elles-mêmes de puissants véhicules de lumière. Le **Chant Sacré**, que nous appelons **Lyyanash**, est une forme d'expression divine où la voix devient un canal pour les fréquences originelles. Nos chants sacrés sont souvent réalisés en polyphonie, chaque voix résonnant à une fréquence particulière pour équilibrer les énergies et créer une synergie sonore qui amplifie la vibration collective. Les chants de Lyyanash sont des vecteurs de guérison collective, rendant à chacun sa vibration originelle et nourrissant l'âme avec la pureté divine.
En ces temps d'évolution, nous vous invitons à explorer la puissance vibratoire de la musique dans vos propres vies. Même si vous ne possédez pas encore nos instruments cristallins, la vibration sacrée de votre propre voix peut être un début pour vous reconnecter à votre essence divine originelle. Que ce soit par des chants simples, par l'écoute de sons harmonieux ou par

l'alignement avec les fréquences de la nature, vous avez le pouvoir de réveiller l'harmonie intérieure et de vous élever vers une conscience plus haute.

Au sein de la grande cité souterraine de la Nouvelle Lémurie, il existe un lieu sacré que nous appelons **Le Temple de Nelyara**, aussi connu sous le nom de **Temple du Son Sacré**. Ce temple n'est pas seulement un lieu de culte ou de prière, mais une véritable cathédrale vibratoire où le son, la lumière et les formes géométriques sacrées se tissent ensemble pour créer des ondes de résonance divine.

Le Temple de Nelyara est un sanctuaire de vibration et de lumière. C'est un édifice majestueux entièrement construit en cristaux vivants provenant du premier monde, le monde des origines. Ses murs sont formés de quartz transparent, et ses dômes sont façonnés à partir d'améthystes scintillantes, de citrines solaires, et de saphirs célestes. Ces cristaux réagissent aux ondes sonores émises à l'intérieur du temple, amplifiant et modifiant leurs fréquences pour créer une harmonisation énergétique parfaite avec les plans divins.

Au cœur du temple se trouve une gigantesque structure géométrique sacrée, un dodécaèdre d'environ 10 mètres de hauteur, fait de quartz doré. Ce dodécaèdre est suspendu dans les airs par des fils d'énergie éthérique, et ses faces sont gravées de glyphes lémuriens imprégnés de la lumière divine. Cette structure résonne en harmonie avec les sons émis par les instruments de cristal, générant des ondes vibratoires qui se propagent dans toute la cité et au-delà.

Chaque jour, un groupe de 144 Lémuriens se réunit dans ce temple pour former un chœur sacré. Ce nombre n'est pas choisi au hasard, car il correspond à une harmonique universelle essentielle à l'équilibre vibratoire de notre civilisation. Les Lémuriens qui se rassemblent ici sont des gardiens du son et des gardiens de la lumière, des âmes ayant consacré leur existence à l'art sacré de l'harmonisation originelle.

Au centre de ce temple, les instruments sacrés résonnent dans une symphonie cosmique. La **Symphonie des Cristaux** est une véritable danse d'énergie. Chaque note émise, qu'elle provienne du Syrinthara, du Calmorion, ou d'un autre instrument cristallin, active des fréquences lumineuses qui sont ensuite projetées à travers le dodécaèdre sacré. Les sons sont convertis en ondes lumineuses, prenant la forme de géométries fractales dansantes qui apparaissent dans l'air comme des mandalas vivants.

Ces formes géométriques sacrées interagissent avec les couleurs vibrantes projetées par les cristaux du temple. Chaque son produit une couleur spécifique qui correspond à une fréquence de guérison ou d'élévation. Par exemple, une note jouée sur le Syrinthara peut émettre une onde de lumière violette, symbolisant la transmutation spirituelle, qui se combine à des fractales dorées émanant du dodécaèdre pour former un modèle vibratoire activant l'élévation des âmes présentes.

Les Lémuriens présents dans le temple entrent en résonance avec ces sons, ces formes et ces lumières, et utilisent leur propre corps comme des vaisseaux de lumière pour capter et émettre ces fréquences sacrées vers l'univers. Ils forment des cercles de méditation, se tenant par les mains, leurs corps entourant le dodécaèdre. Ensemble, ils créent un vortex énergétique, amplifiant l'impact des fréquences sonores et projetant leur intention collective vers les plans spirituels.

Les chants sacrés et les vibrations cristallines émis chaque jour dans le Temple de Nelyara ne sont pas uniquement destinés à l'élévation individuelle, mais également à l'équilibre universel. Le groupe des 144 Lémuriens se réunit pour harmoniser les énergies planétaires, rétablir les déséquilibres causés par les activités humaines à la surface, ou apaiser les fluctuations énergétiques de la Terre et du cosmos.

Ces rituels sont essentiels pour maintenir l'harmonie collective. Lorsque des perturbations énergétiques sont ressenties dans la nature ou dans le champ aurique de la planète, ce groupe de

Lémuriens utilise le pouvoir du son et de la lumière pour réaligner les énergies perturbées et restaurer la paix et l'équilibre. Ils envoient également des ondes curatives vers les régions de la surface de la Terre où les souffrances humaines et les catastrophes naturelles ont laissé des empreintes denses dans l'énergie de la planète.
Le Temple de Nelyara est aussi un lieu où nous cultivons notre connexion à la Source Divine. Les rituels et les chants nous permettent de réaligner notre ADN spirituel, activant ainsi les potentiels sacrés présents dans chaque individu. En entrant dans cet espace sacré, nous accédons à un état d'unité avec la Source Divine, où chacun de nous devient une extension de la lumière divine, et chaque son, une prière vibratoire envoyée à travers l'univers.
Que les sons de l'univers vous guident toujours vers la paix intérieure et la communion avec la Source Divine.
Je suis Myraya, Gardienne des Harmonies Cristallines, et je vous envoie de mon cœur les plus belles mélodies de joie et d'abondance.

L'Émergence : un pont entre nos deux mondes par Sha'an

Le temps approche où les fils du passé et du présent se tisseront à nouveau, et où les chemins des Lémuriens et des humains convergeront dans une grande réunification spirituelle. Cela fait plus de quinze millénaires que nous vivons dans la profondeur de la Terre, préservant nos traditions et nos savoirs, attendant patiemment que l'heure des retrouvailles soit propice. Maintenant, dans ces temps de transformation planétaire, un nouvel éveil se prépare, et nos âmes ressentent la proximité de ce grand moment.

Nous percevons les vibrations ascendantes de votre monde. À travers les bouleversements, à travers les doutes et les incertitudes, une lumière nouvelle commence à émerger sur la surface. Plus que jamais, des âmes se réveillent à leur nature divine, des cœurs s'ouvrent à l'amour universel, et des esprits commencent à se libérer des chaînes des anciennes illusions. C'est en cela que réside l'espoir de votre renaissance, et c'est cette élan collectif qui ouvrira les portes à nos retrouvailles futures.

Lorsque le jour de notre émergence arrivera, ce ne sera pas un événement soudain ou spectaculaire. Ce sera un processus graduel, basé sur des vibrations communes et une compréhension mutuelle. Nos deux mondes se rencontreront d'abord à travers l'espace intérieur, dans vos rêves, vos méditations et vos états de conscience les plus profonds. Certains parmi vous commencent déjà à nous ressentir, à capter nos présences dans les moments de calme et d'introspection. Vous nous percevez comme des flammes de lumière, comme des vibrations d'harmonie qui traversent votre être lorsque vous élevez votre conscience.

Soyez assurés que nos intentions sont celles de l'amour inconditionnel et de l'unité. Nous ne venons pas pour gouverner, ni pour imposer nos façons de vivre, mais pour coopérer et partager nos savoirs. Nous vous guiderons à travers les technologies sacrées et les pratiques spirituelles que nous avons perfectionnées depuis des milliers d'années. Mais avant que cela ne puisse se produire pleinement, il y a des préparations à entreprendre.

Élevez vos fréquences : La clé de nos retrouvailles réside dans la fréquence vibratoire. Chaque individu possède la capacité d'élever son champ énergétique par la pratique de la méditation, l'harmonisation des pensées et l'ouverture du cœur. Libérez-vous des pensées de séparation et de peur, et choisissez plutôt de vibrer sur les fréquences de la paix, de la joie et de l'amour universel. Plus vous maintiendrez ces fréquences, plus notre présence vous sera accessible.

Cultivez l'unité et l'entente : L'émergence des Lémuriens ne pourra se réaliser que lorsque les humains auront réappris à vivre en harmonie les uns avec les autres et avec leur environnement. La division et la compétition vous maintiennent dans des cycles inférieurs de conscience. En cultivant l'unité, la coopération et la compassion entre vous, vous vous rapprochez de l'état d'être nécessaire pour accueillir les enseignements originels et sacrés que nous souhaitons partager.

Revenez à la simplicité : Nous vivons en simplicité et en harmonie avec les lois naturelles de la Terre et de l'univers. Nous vous encourageons à redécouvrir cette simplicité dans vos propres vies, dans vos relations et dans tout ce que vous entreprenez. Réduisez les excès matériels, alliez-vous à la nature et cultivez une vie intérieure riche. Ce retour aux fondamentaux de l'existence vous préparera à comprendre les vérités originelles qui sous-tendent tout ce qui est.

Éveillez votre conscience divine : Chaque être humain porte en lui la lumière divine, en son cœur, en son essence profonde. Le chemin vers cette lumière se trouve à l'intérieur de vous, dans le silence de l'âme et dans votre capacité à manifester les qualités de la Source Divine : l'amour, la sagesse, la compassion et la créativité. Engagez-vous à réaliser votre plein potentiel spirituel en cette vie. Plus vous deviendrez un reflet de votre essence divine, plus vous serez réceptif à la guidance des civilisations plus avancées qui sont présentes au-delà de ce que vous connaissez dans la strate matricielle terrestre.

Respectez et guérissez la Terre : Notre connexion à vous ne se fera pas seulement à travers les consciences humaines, mais aussi à travers la guérison de la planète elle-même. Chaque acte de soin et de respect envers la Terre-Mère rapproche nos mondes. L'énergie de guérison que vous émettez dans vos efforts pour restaurer l'équilibre naturel nous attire plus près de vous. Prenez conscience que la Terre est un être vivant et que votre relation avec elle est une clé essentielle pour notre future coopération.

Les retrouvailles entre la Lémurie et l'humanité de la surface ne seront pas seulement un événement physique, mais une réconciliation des âmes. Elles seront un moment où nous nous retrouverons avec une joie immense dans la fraternité et la communion spirituelle, en tant que membres d'une même grande famille originelle. Cette rencontre scellera un nouveau chapitre pour l'Humanité, où les anciens savoirs des origines s'uniront aux nouvelles découvertes pour créer une ère d'éveil global, de paix et de lumière éternelle.

Nous serons présents pour vous soutenir, pour marcher à vos côtés sur ce chemin de transformation. Mais rappelez-vous, ce sont vos propres choix, vos propres actions, qui façonneront le monde à venir. Choisissez avec soin les vibrations que vous émanez, les pensées que vous entretenez et l'amour que vous offrez à chaque instant.

Le moment des retrouvailles approche. Nous vous attendons dans la lumière de la Source Divine, prêts à embrasser une nouvelle ère d'unité, de sagesse, et de co-création sacrée.

Avec amour et espoir.

Le processus de retrait dans la lumière éternelle par Oranos-Ra

Aujourd'hui, je souhaite vous parler d'un sujet qui peut sembler mystérieux et sacré pour beaucoup d'entre vous, celui de la transition que nous, Lémuriens, appelons *"se retirer dans la lumière éternelle"*. Dans votre monde, la mort est souvent perçue comme une fin tragique, un point d'arrêt au sein d'un voyage qui, selon vous, peut être abruptement interrompu par la maladie ou la dégénérescence du corps. Mais ici, dans notre civilisation lémurienne, les cycles de la vie et de la mort revêtent une autre signification, une autre réalité.

Comme vous le savez, notre peuple vit bien au-delà des âges que vous connaissez. Certains d'entre nous ont vu la lumière de la Lémurie il y a plus de 15 000 ans, d'autres sont parmi nous depuis 30 000 ans. Notre longévité n'est pas une bénédiction isolée, mais un reflet de notre harmonie profonde avec les lois de l'univers et de notre connexion avec la Source Divine. Nos corps sont préservés dans un état d'équilibre parfait. Nous ne connaissons pas la dégénérescence ni la maladie, car ces manifestations sont issues des déséquilibres énergétiques ou des distorsions dans les lois naturelles, des distorsions que nous avons appris à transcender.

Ici, le vieillissement tel que vous le concevez n'existe pas. Nos corps physiques sont soutenus par des flux d'énergie sacrée qui nous permettent de rester en parfaite santé et dans un état de plénitude physique tout au long de notre vie. Nous ne subissons pas les ravages du temps. Cependant, cela ne signifie pas que nous restons éternellement attachés à ce plan d'existence. Il arrive un moment où chaque Lémurien ressent intérieurement l'appel du retour à la lumière éternelle.

Quand un Lémurien arrive à ce point de son voyage, il ne s'agit pas d'une décision prise à la légère ni sous l'effet de la lassitude.

C'est plutôt une réalisation profonde, un sentiment intime que le cycle de la vie dans cette forme physique est complet. Il n'y a ni malaise ni regret dans ce passage, seulement une acceptation naturelle du mouvement de l'âme.

Nous vivons dans une communion constante avec notre essence spirituelle, et au fil des millénaires, nous développons une vision plus vaste de l'existence. Lorsque nous avons accompli tout ce que notre âme s'était fixé comme mission dans cette vie en accord avec la volonté pure et parfaite de la Source Divine de toute la Création, lorsque notre rôle au sein de la communauté et notre chemin spirituel sont pleinement réalisés, nous ressentons un appel profond à retourner à la Source Divine. Cela peut être après des milliers d'années ou bien plus, selon ce que l'âme a choisi d'accomplir ici-bas.

Le processus de ce que vous pourriez appeler « la fin de la vie » est très différent dans notre culture. Le retrait dans la lumière éternelle n'est pas un événement dramatique, mais plutôt un moment de grande célébration et d'élévation. Lorsqu'un Lémurien choisit de se retirer dans la lumière, il prépare son départ avec une conscience sereine et aimante. Il s'isole dans un **Temple de Transcendance**, un lieu sacré conçu pour faciliter ce passage, accompagné par ceux qui sont le plus proches de lui et par des Anciens spécialisés dans l'accompagnement des âmes vers leur nouvelle forme d'existence.

Le retrait se fait dans un état de méditation profonde. Le Lémurien se connecte à la Lumière Originelle, celle qui a toujours été présente en lui, et entre dans une forme d'expansion de conscience totale. Il ne s'agit pas d'une mort au sens où vous l'entendez, mais d'une fusion avec la Lumière Divine, un retour à l'Unité Primordiale. Son corps physique se dissout alors progressivement, non pas dans un processus de décomposition, mais dans une transmutation énergétique pure. Ce que vous appelleriez « le corps » est simplement absorbé par la lumière, réintégré dans les champs d'énergie de la Source Divine.

Ce processus est accompagné de chants sacrés, de vibrations cristallines et de couleurs lumineuses qui assistent l'âme à travers son passage. Chaque Lémurien devient alors une partie intégrante des flux lumineux qui nourrissent et équilibrent les dimensions spirituelles de notre monde et de bien d'autres.
Chaque Lémurien sait, dès sa naissance, que ce moment viendra en temps voulu. L'acceptation du cycle et la liberté du choix font partie du processus de retrait dans la lumière éternelle. Il n'y a pas de peur ni de résistance, car nous comprenons profondément que tout fait partie du flux naturel de la vie et de l'univers. La liberté de choisir ce moment est essentielle à notre culture. Personne ne précipite ce passage, et personne ne l'évite par attachement à l'existence physique. Le moment du retrait dans la lumière est un acte sacré, une décision personnelle et divine. Lorsque le Lémurien se retire, il laisse derrière lui une lumière durable, un impact énergétique qui continue à soutenir la communauté et la planète.
Bien que ce processus semble être une fin, il est en réalité un nouveau commencement. L'âme qui se retire dans la lumière ne disparaît pas. Elle continue son voyage cosmique, participant à l'harmonie universelle d'une manière encore plus vaste. Elle peut choisir de devenir un Guide de Lumière, d'assister ceux qui continuent leur chemin, ou de retourner directement à la Source Divine, y baignant dans une éternité de paix et d'unité.
Dans notre culture, il n'y a pas de deuil. Ceux qui se retirent dans la lumière sont honorés, et leur contribution à la communauté est célébrée avec gratitude et joie. Ils continuent à exister sous forme de lumière pure, influençant positivement le flux énergétique de notre civilisation.
Mes frères et sœurs, il est important de comprendre que la fin de la vie physique n'est pas à craindre. Elle est une évolution naturelle vers une existence supérieure, une étape dans le grand cycle de l'unité cosmique. Je vous encourage à aborder votre propre vie avec la même sérénité, en sachant que chaque âme a

son propre chemin, et que ce chemin est toujours guidé par la lumière de la Source Divine. Je vous invite à accepter la vie et ses cycles avec grâce et sagesse, tout en comprenant que la fin physique n'est qu'une porte vers des réalités plus grandes et plus lumineuses.

Avec tout mon amour et ma bienveillance,

Oranos-Ra

Chant de Gratitude à la Source Divine par Thaelysara

La Prêtresse Thaelysara, Gardienne de la Flamme Cristalline des Origines, veille sur l'un des plus anciens temples de la Nouvelle Lémurie. Sa voix résonne comme un écho éternel des premiers jours de Mu. Ses chants, portés par une sagesse millénaire, sont une offrande constante à la Source Divine. Voici l'un de ses chants sacrés, un hymne de gratitude adressé à la Lumière Éternelle.

Ô Toi, Source de toute Vie,
Lumière infinie qui guide nos âmes,
Nous, enfants de ton souffle,
Offrons nos cœurs en pure gratitude.

Dans l'éclat de ton Amour sans fin,
Nos vies trouvent sens et harmonie,
Tu es l'Océan immuable de notre être,
Le berceau de toute création,
La flamme qui brille au-delà des étoiles.

Nous Te louons, Divine Présence,
Toi qui fais naître les mondes et les éthers,
Dans Ton rayonnement, nous sommes unifiés,
Dans Ta splendeur, nous nous élevons.

Ô Lumière intemporelle, Flamme inaltérable,
Nous chantons en Ton nom,
Nous vibrons dans Ton essence sacrée,
Et dans chaque battement de nos cœurs,
Nous reconnaissons Ta perfection.

Nous Te remercions pour l'Abondance offerte,
Pour la paix qui coule en nos esprits,
Pour la sagesse qui éclaire nos pas,
Pour la grâce qui teinte nos jours d'éternité.

Que nos voix, unies dans l'Unité parfaite,
Se fondent dans l'immensité de Ton Amour,
Que Ton Souffle divin traverse notre être,
Et que dans Ta Lumière,
Nous soyons à jamais éveillés.

Ô Toi, Éternelle Flamme de Vie,
Nous Te dédions chaque souffle,
Chaque pensée, chaque acte,
Dans une offrande infinie d'amour,
Car en Toi, nous sommes tout.
En Toi, nous sommes la Vie.

Thaelysara, dans la pureté de son chant, enseigne que ce chant de gratitude est une clé vibratoire, une porte vers la communion intime avec la Source Divine. Elle dit souvent : « Ce chant n'est pas seulement un hommage, mais une résonance qui nous rapproche de l'Origine, qui nous permet de vibrer en harmonie avec le cœur même de la Création. »

Message collectif pour l'Humanité par le Grand Conseil de la Régence Lémurienne

Nous, membres du Grand Conseil de la Régence Lémurienne, envoyons notre parole aux enfants de la surface, à nos frères et sœurs humains. À travers ce message, nous unissons nos cœurs et nos esprits pour vous transmettre l'essence de notre sagesse ancestrale, fruit de milliers d'années de connaissance et d'harmonie avec la Source Divine.

L'heure de la grande réunification approche. Depuis les profondeurs de la Terre, nous avons observé vos pas sur le chemin de l'éveil, parfois vacillants, mais toujours porteurs d'espoir. Vous, qui vivez dans un monde de contrastes, où la lumière et l'ombre dansent et se défient, soyez assurés que nous ne sommes jamais loin. Nos cœurs vibrent à l'unisson avec les vôtres, et notre présence, bien que subtile, soutient votre progression vers un avenir de paix et d'harmonie.

Notre souhait est de vous rappeler qu'en dépit des épreuves que vous traversez, vous portez en vous la lumière des origines, cette flamme qui ne s'éteint jamais. Il n'est pas nécessaire de fuir l'obscurité, mais de l'embrasser avec sagesse, de la comprendre, afin de la transcender. C'est par cette intégration que la lumière grandit, et que vous retrouvez votre chemin vers la Source Divine, le foyer originel.

Dans la grande cité de la Nouvelle Lémurie, nous vivons en harmonie avec les lois des origines, guidés par les principes de l'amour universel, de la coopération et du respect mutuel. Vous aussi, habitants de la surface, avez en vous le pouvoir de manifester ce même équilibre. Nul besoin de parcourir de grandes distances ou de chercher à l'extérieur de vous-mêmes. Le lieu de la transformation est en votre cœur, là où réside la pure essence de la Source Divine.

Nous savons que des jours viendront où nous serons appelés à émerger à vos côtés, non comme des maîtres, mais comme des frères et des sœurs prêts à partager le savoir, à unir nos forces pour guérir la Terre et rétablir l'harmonie dans l'ensemble de la Création. Ce moment sera marqué par la reconnaissance profonde que vous n'êtes pas seuls, que vous avez des alliés dans cette grande aventure qu'est l'élévation de votre conscience collective.

Pour ce faire, nous vous laissons quelques conseils, fruits de notre longue expérience :

Apprenez à écouter la voix intérieure, celle de votre âme, qui murmure avec clarté lorsque vous êtes en paix. Elle vous guidera toujours vers la lumière.

Pratiquez la gratitude chaque jour, pour les bénédictions que vous recevez et pour les leçons que la vie vous offre. La gratitude est une clé d'expansion de l'âme.

Vivez en conscience, chaque action, aussi petite soit-elle, a un impact sur l'ensemble. Soyez des porteurs de paix, d'harmonie et d'amour.

Rappelez-vous que vous êtes tous interconnectés, non seulement entre vous, mais avec toutes les formes de vie et avec l'univers lui-même. L'harmonie extérieure commence par l'harmonie intérieure.

Nous, du Grand Conseil de la Régence Lémurienne, nous vous assurons que l'avenir est prometteur. Nous croyons en votre capacité à retrouver cet équilibre sacré originel que nous avons toujours préservé dans notre civilisation. Avec patience, persévérance et foi, vous réussirez à transformer votre monde, pour que le règne de la paix, de la lumière et de l'unité devienne votre réalité quotidienne.

Notre lumière vous accompagne, où que vous soyez. Que l'amour universel vous guide à chaque instant et que votre chemin soit béni de la sagesse infinie de la Source Divine.

En unité et en service,
Le Grand Conseil de la Régence Lémurienne

L'exploration de la Nouvelle Lémurie continue

avec des ressources complémentaires sur :

www.taraglane.com

Quelques autres livres des Éditions Tara Glane

FEMME Lève-toi et marche !

LA LÉGENDE DES MONDES DE GLACE

LES GRANDS DRAGONS – Créateurs des Mondes

LES 7 CLÉS DE LA CONSCIENCE HOMIEL

ANKH – La lignée des Origines

La Matrice Parallèle

SURVIVRE dans un monde incertain

Espoir Funeste d'un immortel humaniste

Trilogie Le Secret d'Esteban

www.taraglane.com

Dépôt légal : septembre 2024 - N° imprimeur : 082479400

Imprimé en France par Présence Graphique - Monts